교재 MP3

패턴 정리표
(PDF)

패턴 문장 쓰기노트
(PDF)

단어 퀴즈
(PDF)

[이용 방법]
해커스일본어 사이트(japan.Hackers.com) 접속 후 로그인 ▶
상단의 [교재/MP3 → MP3/자료] 클릭 후 이용하기

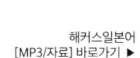
해커스일본어
[MP3/자료] 바로가기 ▶

본 교재 인강 10,000원 할인쿠폰

KBEFD37FK324B000

[이용 방법]
해커스일본어(japan.Hackers.com) 접속 후 로그인 ▶
상단의 [나의정보 → 나의 쿠폰]에서 쿠폰 등록 ▶ 상단의 [수강신청] 클릭 후 강의 결제 시 사용

* 등록 후 7일간 사용 가능(ID당 1회에 한해 등록 가능)
* 본 교재 인강은 추후 오픈 예정임에 따라, 강의 오픈 이후 할인쿠폰 적용 가능하며,
 그 외 해커스일본어 단과/종합 강의 구매 시 즉시 적용 가능합니다.
* 이 외 쿠폰 관련 문의는 해커스일본어 고객센터(02-537-5000)로 연락 바랍니다.

수강신청 바로가기 ▶

해커스일본어 japan.Hackers.com

쉽고 부담 없이 공부할 수 있는
하루 10분 학습 플래너

나의 학습 플랜을 정하세요.
☐ 100일 완성 (하루에 Day 1개씩)
☐ 50일 완성 (하루에 Day 2개씩)
☐ 10일 완성 (하루에 Day 10개씩)
☐ ___일 완성 (하루에 Day___개씩)

학습을 마친 Day 번호 체크해보기

1	2	3	4	5	6	7	8	9	10
11	12	13	14	15	16	17	18	19	20
21	22	23	24	25	26	27	28	29	30
31	32	33	34	35	36	37	38	39	40
41	42	43	44	45	46	47	48	49	50
51	52	53	54	55	56	57	58	59	60
61	62	63	64	65	66	67	68	69	70
71	72	73	74	75	76	77	78	79	80
81	82	83	84	85	86	87	88	89	90
91	92	93	94	95	96	97	98	99	100

해커스 일본어회화 10분의 기적
패턴으로 말하기

해커스

목차

일본인이 가장 많이 쓰는 만능 패턴 100

일본어 회화가 가능해지는 10분의 기적 학습법 ———— 10
동사의 종류와 활용 ———— 12

1장 소개하고 알려주는 패턴

Day 01 연예인이 있어요. 18
사람이나 동물이 있다고 말하는 **がいます** 패턴

Day 02 역 앞에 편의점이 있어요. 20
사물, 장소, 일정이 있다고 말하는 **があります** 패턴

Day 03 도쿄에 살고 있어요. 22
살고 있는 곳에 대해 말하는 **に住んでいます** 패턴

Day 04 충전기는 어디에 있어요? 24
사물, 장소가 어디에 있는지 물어보는 **はどこにありますか** 패턴

Day 05 저기는 금각사라고 해요. 26
이름이나 단어를 소개하고 알려주는 **といいます** 패턴

2장 호불호를 말하는 패턴

Day 06 회식이 좋아요. 30
좋아하는 것을 말하는 **が好きです** 패턴

Day 07 월요일이 싫어요. 32
싫어하는 것을 말하는 **が嫌いです** 패턴

Day 08 J-pop과 K-pop, 어느 쪽이 좋아요? 34
선호하는 것을 묻는 **と~、どっちが好きですか** 패턴

Day 09 재테크에 관심이 있어요. 36
관심 있는 것을 말하는 **に興味があります** 패턴

Day 10 브이로그가 마음에 들어요. 38
마음에 드는 것을 말하는 **が気に入ります** 패턴

Day 11 저는 거짓말이 서툴러요. 40
서투르거나 잘 못하는 것을 말하는 **私は~が苦手です** 패턴

Day 12 캠핑이 좋아졌어요. 42
좋아하게 된 것을 말하는 **が好きになりました** 패턴

해커스 일본어회화 10분의 기적
패턴으로 말하기

3장	**희망 사항을 말하는 패턴**

Day 13 새 태블릿 PC를 갖고 싶어요. 46
갖고 싶은 것을 말하는 **がほしいです** 패턴

Day 14 대학원에 가고 싶어요? 48
하고 싶은 일을 묻는 **たいですか** 패턴

Day 15 혼자 여행을 해 보고 싶어요. 50
해 보고 싶은 일을 말하는 **をしてみたいです** 패턴

Day 16 아무것도 하고 싶지 않아요. 52
하고 싶지 않다고 말하는 **たくないです** 패턴

Day 17 메시지를 봐주면 좋겠어요. 54
어떤 일을 해줬으면 좋겠다고 말하는 **てほしいです** 패턴

Day 18 스마트폰만 하지 않았으면 좋겠어요. 56
어떤 일을 하지 않으면 좋겠다고 말하는 **てほしくないです** 패턴

Day 19 여름 옷을 사러 가고 싶어요. 58
무언가를 하러 가고 싶다고 말하는 **に行きたいです** 패턴

4장	**감정을 표현하는 패턴**

Day 20 콘서트가 기대돼요. 62
무언가 기대된다고 말하는 **が楽しみです** 패턴

Day 21 구직 활동이 힘들어요. 64
힘든 일을 말하는 **が大変です** 패턴

Day 22 건강검진 결과가 걱정이에요. 66
걱정을 표현하는 **が心配です** 패턴

Day 23 우산이 있어서 다행이에요. 68
다행이라고 말하는 **てよかったです** 패턴

넘겨서 목차 더 보기 →

일본인이 가장 많이 쓰는 만능 패턴 100

Day 24 오늘은 두통이 심해요. 70
정도가 심하다고 말하는 **がひどいです** 패턴

Day 25 사소한 것이 신경 쓰여요. 72
신경 쓰이는 것을 말하는 **が気になります** 패턴

Day 26 칼로리는 상관없어요. 74
상관없다고 말하는 **は気にしません** 패턴

Day 27 도와줘서 고마워요. 76
감사한 마음을 전하는 **てくれてありがとうございます** 패턴

Day 28 답장이 늦어져서 미안해요. 78
미안한 마음을 전하는 **てすみません** 패턴

Day 29 나 자신을 믿을 수가 없어요. 80
믿을 수 없는 사실을 말하는 **が信じられないです** 패턴

5장 계획을 말하는 패턴

Day 30 주말에 교토에 갈 계획이에요. 84
앞으로의 계획을 말하는 **予定です** 패턴

Day 31 반품을 하려고 해요. 86
곧 하려는 일을 말하는 **をしようとしています** 패턴

Day 32 뭐를 볼 거예요? 88
무엇을 할 계획인지 묻는 **何を~ますか** 패턴

Day 33 같이 쇼핑하러 가요. 90
같이 하자고 제안하는 **一緒に~に行きましょう** 패턴

Day 34 점심은 어떻게 할 거예요? 92
어떻게 할지 의견을 묻는 **はどうしますか** 패턴

Day 35 술을 마실 생각은 없어요. 94
계획이 없다고 말하는 **つもりはありません** 패턴

Day 36 언제부터 예약을 할 수 있어요? 96
시작하는 시기를 묻는 **いつから~ますか** 패턴

Day 37 메일을 확인해 볼게요. 98
확인해 보겠다고 말하는 **を確認してみます** 패턴

해커스 일본어회화 10분의 기적
패턴으로 말하기

Day 38 헤어질지 말지 고민 중이에요. 100
어떻게 결정할지 고민하는 **かどうか悩んでいます** 패턴

Day 39 누가 계산해요? 102
누가 할 일인지 묻는 **誰が~ますか** 패턴

| 6장 | **경험과 추억을 나누는 패턴** |

Day 40 도쿄타워를 보고 왔어요. 106
하고 온 일을 말하는 **てきました** 패턴

Day 41 스노클링을 해 본 적 있어요? 108
무언가를 해 본 적 있는지 묻는 **たことがありますか** 패턴

Day 42 대학 생활은 어때요? 110
의견을 묻는 **はどうですか** 패턴

Day 43 한 번도 혼자 여행해 본 적이 없어요. 112
경험해 본 적 없다고 말하는 **一度も~たことがありません** 패턴

Day 44 마지막으로 연애한 게 언제예요? 114
언제 마지막으로 했는지 묻는 **最後に~たのはいつですか** 패턴

Day 45 이미 유럽에 다녀왔어요. 116
이미 한 일을 말하는 **もう~ました** 패턴

Day 46 아직 연말정산을 안 했어요. 118
아직 하지 않았다고 말하는 **まだ~をしていません** 패턴

Day 47 비밀번호가 생각 안 나요. 120
무언가가 생각나지 않는다고 말하는 **が思い出せません** 패턴

Day 48 어머니가 사 준 거예요. 122
다른 사람이 나를 위해 해 준 것을 말하는 **てくれたものです** 패턴

Day 49 결말은 어떻게 됐어요? 124
어떻게 되었는지 묻는 **はどうなりましたか** 패턴

넘겨서 목차 더 보기 →

일본인이 가장 많이 쓰는 만능 패턴 100

7장 상태를 설명하는 패턴

Day 50 물품 보관함을 찾고 있어요. — 128
어떤 것을 찾고 있다고 말하는 **を探しています** 패턴

Day 51 방 청소를 하고 있어요. — 130
진행 중인 일을 말하는 **をしています** 패턴

Day 52 출판사에서 일하고 있어요. — 132
일하는 곳이나 하고 있는 일을 말하는 **で働いています** 패턴

Day 53 파마를 하러 왔어요. — 134
어딘가에 온 목적을 말하는 **に来ました** 패턴

Day 54 알바는 처음이에요. — 136
처음이라고 말하는 **は初めてです** 패턴

Day 55 요즘 유행은 몰라요. — 138
모르는 내용을 말하는 **はわかりません** 패턴

Day 56 더워서 쓰러질 정도예요. — 140
상황, 상태의 정도를 설명하는 **ほどです** 패턴

Day 57 부장님에게 무슨 일 있었어요? — 142
어떤 대상에게 무슨 일이 있었는지 묻는 **に何かありましたか** 패턴

Day 58 기념일을 잊어버렸어요. — 144
잊어버리거나 두고 온 것을 말하는 **を忘れてしまいました** 패턴

Day 59 그 유튜버를 알아요? — 146
대상이나 정보를 알고 있는지 묻는 **を知っていますか** 패턴

8장 변화와 발전을 말하는 패턴

Day 60 운전을 할 수 있게 되었어요. — 150
할 수 있게 된 일을 말하는 **ができるようになりました** 패턴

Day 61 일본어가 늘었어요. — 152
실력이 늘었다고 말하는 **が上手になりました** 패턴

Day 62 벚꽃이 피기 시작했어요. — 154
어떤 일이 시작됐다고 말하는 **てきました** 패턴

Day 63	SNS를 하지 않게 되었어요.	156
	더 이상 하지 않는 일을 말하는 **をしなくなりました** 패턴	
Day 64	시험에서 떨어질 뻔했어요.	158
	일어날 뻔한 일을 말하는 **そうになりました** 패턴	

9장 능력을 말하는 패턴

Day 65	그는 꽃꽂이를 잘해요.	162
	잘하는 일을 말하는 **が上手です** 패턴	
Day 66	저는 화장을 못해요.	164
	잘 못하는 일을 말하는 **が下手です** 패턴	
Day 67	저는 일찍 일어나는 것에 익숙해요.	166
	익숙해진 일을 말하는 **私は~に慣れています** 패턴	
Day 68	블로그를 쓸 여유가 없어요.	168
	어떤 일을 할 여유가 없다고 말하는 **暇がありません** 패턴	
Day 69	지금은 주차를 할 수 없어요.	170
	할 수 없거나 안 되는 일을 말하는 **ができません** 패턴	

10장 의무와 허락을 말하는 패턴

Day 70	본가에 들러야 해요.	174
	해야 하는 일을 말하는 **なければなりません** 패턴	
Day 71	사진을 찍어도 될까요?	176
	허락을 구하는 **てもいいですか** 패턴	
Day 72	카페인이 필요해요.	178
	필요한 것을 말하는 **が必要です** 패턴	
Day 73	운전 중에 전화하면 안 돼요.	180
	해서는 안 된다고 말하는 **てはいけません** 패턴	
Day 74	서두르지 않아도 돼요.	182
	하지 않아도 된다고 말하는 **なくていいです** 패턴	
Day 75	더 이상 기다리고 있을 수는 없어요.	184
	더 이상 할 수 없는 일을 말하는 **てはいられないです** 패턴	

넘겨서 목차 더 보기 →

일본인이 가장 많이 쓰는 만능 패턴 100

Day 76 돌아갈 때예요. 186
어떤 일을 해야 할 때라고 말하는 **ときです** 패턴

11장 조언을 구하고 받는 패턴

Day 77 이 록밴드를 추천해요. 190
추천하는 것을 말하는 **がおすすめです** 패턴

Day 78 성격이 중요해요. 192
어떤 것이 중요하다고 말하는 **が大事です** 패턴

Day 79 병원에 가는 게 좋아요. 194
하는 게 좋다고 조언하는 **たほうがいいです** 패턴

Day 80 열사병에 조심하세요. 196
조심하라고 조언하는 **に気をつけてください** 패턴

Day 81 말하지 않는 게 좋아요. 198
하지 않는게 좋다고 조언하는 **ないほうがいいです** 패턴

Day 82 개인적인 의견일 뿐이에요. 200
큰 의미가 없다고 말하는 **に過ぎません** 패턴

Day 83 화를 내도 소용없어요. 202
소용없다고 말하는 **てもしょうがないです** 패턴

Day 84 내버려두는 게 가장 좋아요. 204
최선의 방법을 제안하는 **のが一番いいです** 패턴

Day 85 무엇을 준비해야 할지 모르겠어요. 206
방법을 모르겠다고 말하는 **たらいいかわかりません** 패턴

Day 86 이 계획에 대해 어떻게 생각해요? 208
상대방에게 의견을 묻는 **についてどう思いますか** 패턴

12장 추측해서 말하는 패턴

Day 87 그는 피곤한 것 같아요. 212
나의 추측을 전하는 **みたいです** 패턴

Day 88 그녀는 분명 올 거예요. 214
확신을 가지고 말하는 **はずです** 패턴

Day 89 재택근무를 할 수 있을지도 몰라요. 216
할 수 있을지도 모른다고 말하는 **ができるかもしれません** 패턴

Day 90	장마가 끝날 것 같지 않아요. 끝날 것 같지 않다고 말하는 **が終わりそうにないです** 패턴	218
Day 91	그렇게 비쌀 리가 없어요. 가능성이 없다고 말하는 **はずがないです** 패턴	220
Day 92	중고차라고는 생각되지 않아요. 믿기지 않는 일에 대해 말하는 **とは思えません** 패턴	222
Day 93	취소가 될 때도 있어요. 때때로 일어나기도 하는 일을 말하는 **時もあります** 패턴	224

13장　조건과 이유를 묻고 답하는 패턴

Day 94	3시라면 괜찮아요. 가능한 조건을 말하는 **なら大丈夫です** 패턴	228
Day 95	문제가 있으면 알려 주세요. 어떤 일이 일어나면 알려달라고 부탁하는 **たら教えてください** 패턴	230
Day 96	산다면 초코맛을 사고 싶어요. 어떤 일이 일어났을 때 하고 싶은 일을 말하는 **としたら~たいです** 패턴	232
Day 97	왜 모임에 안 왔어요? 하지 않은 행동의 이유를 묻는 **どうして~ましたか** 패턴	234
Day 98	왜 낭비라고 생각해요? 의견의 근거를 묻는 **どうして~と思いますか** 패턴	236
Day 99	비가 오기 때문이에요. 이유를 말하는 **からです** 패턴	238
Day 100	왜 바쁜 건지 모르겠어요. 이유를 모르겠다고 말하는 **どうして~かわかりません** 패턴	240

부록

01	수량 표현	244
02	단위 · 위치 표현	246
03	시간 · 날씨 표현	248

일본어 회화가 가능해지는
10분의 기적 학습법

패턴 구조를 보고 오늘 학습할 패턴을 한눈에 파악해 보세요!

스마트폰으로 QR 코드를 찍으면, 스텝별로 일본어 음성을 함께 들으며 효율적으로 학습할 수 있어요!

만능 패턴이 들어간 실제 회화를 확인해보세요!

해커스 일본어회화 10분의 기적
패턴으로 말하기

⏱ 권장 학습시간: 3-4분

Step 1: 패턴이 사용된 문장 따라 말해보기
- 일본인이 가장 많이 쓰는 만능 패턴을 **활용한** 문장을 따라 말해보세요.
- **스마트폰으로 QR코드를 찍어서** 문장을 들으며 따라 말해보세요.

⏱ 권장 학습시간: 2-3분

Step 2: 우리말만 보고 일본어 문장 말해보기
- 앞에서 연습한 문장을 우리말만 보고 만능 패턴을 활용해 말해 보세요.
- **스마트폰으로 QR코드를 찍으면** 음성을 들으며 문장을 말해보고, 정답을 확인해 볼 수 있어요.

⏱ 권장 학습시간: 2-3분

Step 3: 실제 회화 따라 말해보기
- 만능 패턴이 사용된 실제 회화를 따라 말해보세요.
- **스마트폰으로 QR코드를 찍어서** 회화를 들으며 따라 말해보세요.
  다시 듣고 싶은 회화를 들어볼 수도 있어요.

동사의 종류와 활용

☑ 동사의 종류 일본어의 동사는 어미의 종류 등에 따라 1, 2, 3그룹으로 분류해요.

1) 1그룹 동사

특징	· 어미가 る가 아닌 모든 동사는 1그룹 동사에 속해요. · 어미가 る인 동사라도 아래 2, 3그룹 동사의 특징에 해당하지 않는 동사는 모두 1그룹 동사예요.
예시	かう 사다 わかる 알다

2) 2그룹 동사

특징	· 어미가 る이면서, る 앞의 모음의 우리말 발음이 '이, 에' 인 동사예요.
예시	みる 보다 たべる 먹다

3) 3그룹 동사

특징	· する, くる 두 가지밖에 없어요.
예시	する 하다 くる 오다

☑ 동사의 활용

동사에 '~해요, ~하고…' 등의 의미를 추가하기 위해 어미를 바꾸는 것을 말해요. 일본어 동사는 ます, ない, て, た를 붙임으로써 어미를 바꿀 수 있어요.

1) 1그룹 동사

ます(~해요) 붙이는 방법	· 어미의 '우' 발음을 '이' 발음으로 바꾸고 ます를 붙여요. か**く** (쓰다) → か**き**ます (써요)
ない(~안 해) 붙이는 방법	· 어미의 '우' 발음을 '아' 발음으로 바꾸고 ない를 붙여요. 단, 어미가 う인 경우에는 わ로 바꿔요. か**く** (쓰다) → か**か**ない (안 써) か**う** (사다) → か**わ**ない (안 사)
た(~했어) 붙이는 방법	· 어미가 く인 경우 いた로 바꿔요. か**く** (쓰다) → か**いた** (썼어) · 어미가 ぐ인 경우 いだ로 바꿔요. およ**ぐ** (헤엄치다) → およ**いだ** (헤엄쳤어) · 어미가 う・つ・る인 경우 った로 바꿔요. か**う** (사다) → か**った** (샀어) · 어미가 す인 경우 した로 바꿔요. はな**す** (이야기하다) → はな**した** (이야기했어) · 어미가 ぬ・ぶ・む인 경우 んだ로 바꿔요. あそ**ぶ** (놀다) → あそ**んだ** (놀았어)
て(~하고) 붙이는 방법	· 어미가 く인 경우 いて로 바꿔요. か**く** (쓰다) → か**いて** (쓰고) · 어미가 ぐ인 경우 いで로 바꿔요. およ**ぐ** (헤엄치다) → およ**いで** (헤엄치고) · 어미가 う・つ・る인 경우 って로 바꿔요. か**う** (사다) → か**って** (사고) · 어미가 す인 경우 して로 바꿔요. はな**す** (이야기하다) → はな**して** (이야기하고) · 어미가 ぬ・ぶ・む인 경우 んで로 바꿔요. あそ**ぶ** (놀다) → あそ**んで** (놀고)

2) 2그룹 동사

ます(~해요) 붙이는 방법	・어미의 る를 떼고 ます를 붙여요. み**る** (보다) → み**ます** (봐요) たべ**る** (먹다) → たべ**ます** (먹어요) おき**る** (일어나다) → おき**ます** (일어나요) ね**る** (자다) → ね**ます** (자요)
ない(~안 해) 붙이는 방법	・어미의 る를 떼고 ない를 붙여요. み**る** (보다) → み**ない** (안 봐) たべ**る** (먹다) → たべ**ない** (안 먹어) おき**る** (일어나다) → おき**ない** (안 일어나요) ね**る** (자다) → ね**ない** (안 자요)
た(~했어) 붙이는 방법	・어미의 る를 떼고 た를 붙여요. み**る** (보다) → み**た** (봤어) たべ**る** (먹다) → たべ**た** (먹었어) おき**る** (일어나다) → おき**た** (일어났어) ね**る** (자다) → ね**た** (잤어)
て(~하고) 붙이는 방법	・어미의 る를 떼고 て를 붙여요. み**る** (보다) → み**て** (보고) たべ**る** (먹다) → たべ**て** (먹고) おき**る** (일어나다) → おき**て** (일어나고) ね**る** (자다) → ね**て** (자고)

3) 3그룹 동사

ます(~해요) 붙이는 방법	· する는 し, くる는 き로 바꾸고 ます를 붙여요. する (하다) → します (해요) くる (오다) → きます (와요)
ない(~안 해) 붙이는 방법	· する는 し, くる는 こ로 바꾸고 ない를 붙여요. する (하다) → しない (안 해) くる (오다) → こない (안 와)
た(~했어) 붙이는 방법	· する는 し, くる는 き로 바꾸고 た를 붙여요. する (하다) → した (했어) くる (오다) → きた (왔어)
て(~하고) 붙이는 방법	· する는 し, くる는 き로 바꾸고 て를 붙여요. する (하다) → して (하고) くる (오다) → きて (오고)

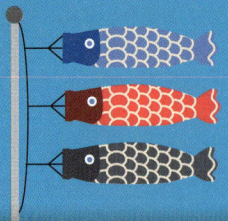

일본어도 역시, **해커스일본어**
japan.Hackers.com

1장

소개하고
알려주는 패턴

해커스 일본어회화 10분의 기적
패턴으로 말하기

| Day 01 | **연예인이 있어요.**
사람이나 동물이 있다고 말하는 がいます 패턴 |

| Day 02 | **역 앞에 편의점이 있어요.**
사물, 장소, 일정이 있다고 말하는 があります 패턴 |

| Day 03 | **도쿄에 살고 있어요.**
살고 있는 곳에 대해 말하는 に住んでいます 패턴 |

| Day 04 | **충전기는 어디에 있어요?**
사물, 장소가 어디에 있는지 물어보는 はどこにありますか 패턴 |

| Day 05 | **저기는 금각사라고 해요.**
이름이나 단어를 소개하고 알려주는 といいます 패턴 |

Day 01

사람이나 동물이 있다고 말하는 がいます 패턴

연예인이 있어요.

芸能人 [げいのうじん] 연예인

가족 구성원이 있다고 말하거나 어느 장소에 사람 또는 동물이 있다고 할 때 사용하는 패턴이에요. 〜がいます(〜이 있어요) 앞에 남동생, 고양이처럼 사람이나 동물을 넣어 말해 보세요.

🔊 Step 1
패턴이 사용된 문장 따라 말해보기

私は 弟が います。
저는 남동생이 있어요.

家に 母が います。
집에 어머니가 있어요.

たくさんの 人が います。
많은 사람이 있어요.

好きな 人が います。
좋아하는 사람이 있어요.

机の 下に ねこが います。
책상 아래에 고양이가 있어요.

海に イルカが います。
바다에 돌고래가 있어요.

弟 [おとうと] 남동생 家 [いえ] 집 母 [はは] 어머니 たくさん 많은 人 [ひと] 사람 机 [つくえ] 책상 ねこ 고양이 イルカ 돌고래

Step 2
이번에는 우리말만 보고 패턴 사용해 문장 말해보기

연예인이 있어요.　　芸能人が います。

저는 남동생이 있어요.

집에 어머니가 있어요.

많은 사람이 있어요.

좋아하는 사람이 있어요.

책상 아래에 고양이가 있어요.

바다에 돌고래가 있어요.

Step 3
패턴이 들어간 실제 회화 따라 말해보기

공항에 사람이 많다고 말하는 상대에게
연예인이 있다고 말할 때

타나카　いつもより 人が 多いです。
평소보다 사람이 많아요.

스즈키　今 空港に 芸能人が います。
지금 공항에 연예인이 있어요.

いつも 평소　多い [おおい] 많다　空港 [くうこう] 공항

Day 02

사물, 장소, 일정이 있다고 말하는 **が あります** 패턴

역 앞에 편의점이 있어요.

駅前 [えきまえ] 역 앞   コンビニ 편의점

사물, 장소, 일정 등이 있다고 말할 때 사용하는 패턴이에요. Day 01에서 학습한 ~がいます(~이 있어요)는 사람, 동물에만 사용할 수 있는 데에 반해, ~があります는 사물, 장소 그리고 추상적인 것에만 사용해요. ~があります(~이 있어요) 앞에 편의점, 맥주처럼 사물, 장소 등을 넣어 말해보세요.

 **Step 1**
패턴이 사용된 문장 따라 말해보기

冷蔵庫に ビールが あります。
냉장고에   맥주가   있어요.

ロビーに アメニティが あります。
로비에   어메니티가   있어요.

午後に 会議が あります。
오후에   회의가   있어요.

この ドラマは 原作が あります。
이   드라마는   원작이   있어요.

今週 お誕生日会が あります。
이번 주에   생일 파티가   있어요.

あそこに 有名な お店が あります。
저기에   유명한   가게가   있어요.

冷蔵庫 [れいぞうこ] 냉장고   ビール 맥주   ロビー 로비   アメニティ 어메니티   会議 [かいぎ] 회의   原作 [げんさく] 원작
お誕生日会 [おたんじょうびかい] 생일 파티   有名だ [ゆうめいだ] 유명하다

Step 2
이번에는 우리말만 보고 패턴 사용해 문장 말해보기

역 앞에 편의점이 있어요. → 駅前に コンビニが あります。

냉장고에 맥주가 있어요.

로비에 어메니티가 있어요.

오후에 회의가 있어요.

이 드라마는 원작이 있어요.

이번 주에 생일 파티가 있어요.

저기에 유명한 가게가 있어요.

Step 3
패턴이 들어간 실제 회화 따라 말해보기

내일 일정을 묻는 상대에게
회의가 있다고 말할 때

타나카   明日 予定が ありますか。
         내일 일정이 있나요?

문장 끝에 か를 붙이면 의문문이 돼요!

스즈키   はい、午後に 会議が あります。
         네, 오후에 회의가 있어요.

明日 [あした] 내일   予定 [よてい] 일정

Day 03
살고 있는 곳에 대해 말하는 に住んでいます 패턴

도쿄에 살고 있어요.

東京(とうきょう) + に 住(す)んで います
도쿄   에 살고 있어요

현재 살고 있는 곳에 대해 말할 때 사용하는 패턴이에요. ~に住んでいます(~에 살고 있어요) 앞에 도쿄, 아파트처럼 사는 곳을 넣어 말해 보세요.

 Step 1
패턴이 사용된 문장 따라 말해보기

マンションに 住(す)んで います。
아파트에 살고 있어요.

りょうに 住(す)んで います。
기숙사에 살고 있어요.

両親(りょうしん)は ソウルに 住(す)んで います。
부모님은 서울에 살고 있어요.

会社(かいしゃ)の 近(ちか)くに 住(す)んで います。
회사 근처에 살고 있어요.

静(しず)かな 町(まち)に 住(す)んで います。
조용한 동네에 살고 있어요.

駅(えき)から 5分(ふん)の ところに 住(す)んで います。
역에서 5분 거리인 곳에 살고 있어요.

> ~の는 '~인'이라는 뜻도 있어요. 5分の는 '5분인'이라는 뜻이지만 자연스럽게 '5분 거리인'이라는 뜻으로 사용해요!

マンション 아파트 　りょう 기숙사 　両親[りょうしん] 부모님 　会社[かいしゃ] 회사 　近く[ちかく] 근처
静かだ[しずかだ] 조용하다 　町[まち] 동네 　~から ~에서, 부터 　ところ 곳

Step 2

이번에는 우리말만 보고 패턴 사용해 문장 말해보기

도쿄에 살고 있어요. 　　東京に 住んで います。

아파트에 살고 있어요.

기숙사에 살고 있어요.

부모님은 서울에 살고 있어요.

회사 근처에 살고 있어요.

조용한 동네에 살고 있어요.

역에서 5분 거리인 곳에 살고 있어요.

Step 3

패턴이 들어간 실제 회화 따라 말해보기

고향이 어디인지 묻는 상대에게
지금은 다른 곳에 살고 있다고 말할 때

타나카　地元は どこですか。
　　　　고향은 어디예요?

스즈키　大阪です。今は 東京に 住んで います。
　　　　오사카예요. 지금은 도쿄에 살고 있어요.

地元 [じもと] 고향　今 [いま] 지금

Day 04

사물, 장소가 어디에 있는지 물어보는 **はどこにありますか** 패턴

충전기는 어디에 있어요?

充電器 + **は どこに ありますか**
충전기 　　　는 어디에 있어요?

充電器 [じゅうでんき] 충전기

어떤 사물이나 장소가 어디에 있는지 물어볼 때 사용하는 패턴이에요. **〜はどこにありますか**(~는 어디에 있어요?) 앞에 충전기, 화장실처럼 위치를 알고 싶은 대상을 넣어 말해 보세요.

 Step 1
패턴이 사용된 문장 따라 말해보기

トイレは どこに ありますか。
화장실은 　　어디에 　　있어요?

免税カウンターは どこに ありますか。
면세 카운터는 　　　어디에 　　있어요?

> 일본의 대형 쇼핑몰에는 대부분 면세 카운터가 있어요. 쇼핑 후 카운터에서 세금 환급이 가능해요!

最新ファイルは どこに ありますか。
최신 파일은 　　어디에 　　있어요?

西口は どこに ありますか。
서쪽 출구는 어디에 　　있어요?

> 일본에서는 우리나라와 다르게 '서쪽 출구'와 같이 방위를 활용해서 출구 이름을 붙이는 경우가 많아요!

電子レンジは どこに ありますか。
전자레인지는 　　어디에 　　있어요?

ひやけどめは どこに ありますか。
선크림은 　　어디에 　　있어요?

トイレ 화장실　免税カウンター [めんぜいカウンター] 면세 카운터　最新 [さいしん] 최신　ファイル 파일
電子レンジ [でんしレンジ] 전자레인지　ひやけどめ 선크림

Step 2
이번에는 우리말만 보고 패턴 사용해 문장 말해보기

충전기는 어디에 있어요?　　充電器は どこに ありますか。

화장실은 어디에 있어요?

면세 카운터는 어디에 있어요?

최신 파일은 어디에 있어요?

서쪽 출구는 어디에 있어요?

전자레인지는 어디에 있어요?

선크림은 어디에 있어요?

Step 3
패턴이 들어간 실제 회화 따라 말해보기

💬 카페의 점원에게
화장실이 어디에 있는지 물을 때

타나카　すみません。トイレは どこに ありますか。
　　　　실례합니다. 화장실은 어디에 있어요?

스즈키　2 階に あります。
　　　　　かい
　　　　2층에 있어요.

~階 [~かい] ~층　ある 1 있다

Day 05

이름이나 단어를 소개하고 알려주는 といいます 패턴

저기는 금각사라고 해요.

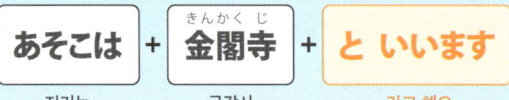

あそこは	+	金閣寺(きんかくじ)	+	と いいます
저기는		금각사		라고 해요

金閣寺 [きんかくじ] 금각사 (교토에 있는 절)

이름을 소개할 때, 어떤 단어를 알려줄 때 사용하는 패턴이에요. ～といいます(～라고 해요) 앞에 금각사, 닭갈비처럼 소개하려는 대상의 이름이나 소개하려는 단어를 넣어 말해 보세요.

 **Step 1**
패턴이 사용된 문장 따라 말해보기

私(わたし)は 高橋(たかはし)と いいます。
저는　　　다카하시라고　　　해요.

〉 나를 소개할 때 ～といいます를 사용하면 ～です(~예요)보다 조금 더 정중한 느낌이 돼요!

この 子(こ)は メリーと いいます。
이　　아이는　　메리라고　　　해요.

〉 子는 '아이'라는 뜻인데, 동물의 새끼를 가리킬 때도 사용해요!

この 料理(りょうり)は タッカルビと いいます。
이　　음식은　　　　닭갈비라고　　　　해요.

韓国(かんこく)の 文字(もじ)は ハングルと いいます。
한국의　　　글자는　　한글이라고　　　해요.

シェフに まかせる ことを「おまかせ」と いいます。
셰프에게　　맡기는　　것을　　'오마카세'라고　　　해요.

日本語(にほんご)で あいさつは「こんにちは」と いいます。
일본어로　　　인사는　　　　'콘니치와'라고　　　해요.

料理 [りょうり] 음식　文字 [もじ] 글자　まかせる 2 맡기다　あいさつ 인사

Step 2
이번에는 우리말만 보고 패턴 사용해 문장 말해보기

| 저기는 금각사라고 해요. | あそこは 金閣寺と いいます。 |

저는 다카하시라고 해요.

이 아이는 메리라고 해요.

이 음식은 닭갈비라고 해요.

한국의 글자는 한글이라고 해요.

셰프에게 맡기는 것을 '오마카세'라고 해요.

일본어로 인사는 '콘니치와'라고 해요.

Step 3
패턴이 들어간 실제 회화 따라 말해보기

타나카 かわいい 犬ですね。名前は 何ですか。
귀여운 강아지네요. 이름이 뭐예요?

스즈키 この 子は メリーと いいます。
이 아이는 메리라고 해요.

かわいい 귀엽다 犬 [いぬ] 강아지, 개 名前 [なまえ] 이름

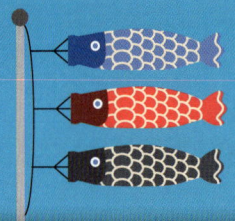

일본어도 역시, **해커스일본어**
japan.Hackers.com

2장

호불호를 말하는 패턴

해커스 일본어회화 10분의 기적
패턴으로 말하기

Day 06 회식이 좋아요.
좋아하는 것을 말하는 が好きです 패턴

Day 07 월요일이 싫어요.
싫어하는 것을 말하는 が嫌いです 패턴

Day 08 J-pop과 K-pop, 어느 쪽이 좋아요?
선호하는 것을 묻는 と~、どっちが好きですか 패턴

Day 09 재테크에 관심이 있어요.
관심 있는 것을 말하는 に興味があります 패턴

Day 10 브이로그가 마음에 들어요.
마음에 드는 것을 말하는 が気に入ります 패턴

Day 11 저는 거짓말이 서툴러요.
서투르거나 잘 못하는 것을 말하는 私は~が苦手です 패턴

Day 12 캠핑이 좋아졌어요.
좋아하게 된 것을 말하는 が好きになりました 패턴

Day 06

좋아하는 것을 말하는 が 好きです 패턴

회식이 좋아요.

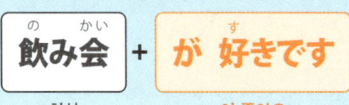

飲み会 [のみかい] 회식

좋아하는 것이나 취미, 좋아하는 일을 말할 때 사용하는 패턴이에요. **~が 好きです**(~이 좋아요) 앞에 회식, 야구처럼 좋아하는 것을 넣어 말해 보세요.

 Step 1
패턴이 사용된 문장 따라 말해보기

野球が 好きです。
야구가   좋아요.

ミュージカルが 好きです。
뮤지컬이   좋아요.

うどんが 好きです。
우동이   좋아요.

ドライブが 好きです。
드라이브가   좋아요.

旅行系ユーチューバーが 好きです。
여행 유튜버가   좋아요.

一人で いるのが 好きです。
혼자   있는 게   좋아요.

野球 [やきゅう] 야구 ミュージカル 뮤지컬 うどん 우동 ドライブ 드라이브
旅行系ユーチューバー [りょこうけいユーチューバー] 여행 유튜버 一人 [ひとり] 혼자 いる 2 있다

Step 2
이번에는 우리말만 보고 패턴 사용해 문장 말해보기

| 회식이 좋아요. | 飲み会が 好きです。 |

야구가 좋아요.

뮤지컬이 좋아요.

우동이 좋아요.

드라이브가 좋아요.

여행 유튜버가 좋아요.

혼자 있는 게 좋아요.

Step 3
패턴이 들어간 실제 회화 따라 말해보기

💬 무엇을 좋아하는지 묻는 상대에게
내가 좋아하는 것을 말할 때

타나카　鈴木さんは 何が 好きですか。
스즈키 씨는 뭐를 좋아해요?

스즈키　私は 野球が 好きです。今週末も 球場に 行きます。
저는 야구가 좋아요. 이번 주말도 야구장에 가요.

今週末 [こんしゅうまつ] 이번 주말　球場 [きゅうじょう] 야구장

Day 07

싫어하는 것을 말하는 が嫌いです 패턴

월요일이 싫어요.

月曜日 (월요일) + が 嫌いです (이 싫어요)

月曜日 [げつようび] 월요일

싫어하는 것이나 싫어하는 일을 표현할 때 사용하는 패턴이에요. 〜が 嫌いです(~가 싫어요) 앞에 월요일, 단것처럼 싫어하는 것을 넣어 말해 보세요.

 Step 1
패턴이 사용된 문장 따라 말해보기

なっとうが 嫌いです。
낫토가   싫어요.

雨の日が 嫌いです。
비 오는 날이   싫어요.

病院が 嫌いです。
병원이   싫어요.

虫が 嫌いです。
벌레가   싫어요.

待つのが 嫌いです。
기다리는 게   싫어요.

甘いものが 嫌いです。
단것이   싫어요.

病院 [びょういん] 병원　虫 [むし] 벌레　待つ [まつ] 1 기다리다　甘い [あまい] 달다　もの 것

Step 2
이번에는 우리말만 보고 패턴 사용해 문장 말해보기

| 월요일이 싫어요. | 🎤 月曜日が 嫌いです。 |

낫토가 싫어요. 🎤

비 오는 날이 싫어요. 🎤

병원이 싫어요. 🎤

벌레가 싫어요. 🎤

기다리는 게 싫어요. 🎤

단것이 싫어요. 🎤

Step 3
패턴이 들어간 실제 회화 따라 말해보기

💬 날씨에 대해 이야기하는 상대에게
비 오는 날이 싫다고 말할 때

타나카　今日は ずっと 雨ですね。
　　　　오늘은 계속 비가 오네요.

스즈키　私は 雨の日が 嫌いです。
　　　　저는 비 오는 날이 싫어요.

Day 08

선호하는 것을 묻는 と~、どっちが 好きですか 패턴

J-pop과 K-pop, 어느 쪽이 좋아요?

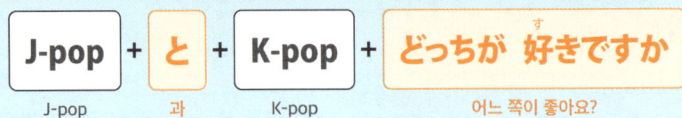

두 가지 중에서 무엇을 더 선호하는지 물어볼 때 사용하는 패턴이에요. ~と(~와), ~どっちが好きですか(~어느 쪽이 좋아요) 앞에 J-pop과 K-pop, 개와 고양이처럼 무엇을 더 선호하는지 묻고 싶은 두 가지 대상을 넣어 말해 보세요.

Step 1
패턴이 사용된 문장 따라 말해보기

犬と ねこ、どっちが 好きですか。
개와 고양이, 어느 쪽이 좋아요?

夏と 冬、どっちが 好きですか。
여름과 겨울, 어느 쪽이 좋아요?

うどんと ラーメン、どっちが 好きですか。
우동과 라면, 어느 쪽이 좋아요?

ホテルと ゲストハウス、どっちが 好きですか。
호텔과 게스트하우스, 어느 쪽이 좋아요?

コーヒーは アイスと ホット、どっちが 好きですか。
커피는 아이스와 핫, 어느 쪽이 좋아요?

やきとりは タレと しお、どっちが 好きですか。
닭꼬치는 소스와 소금, 어느 쪽이 좋아요?

> 우리나라의 부먹, 찍먹과 같이 일본에서는 닭꼬치의 양념에 대한 의견이 두 가지로 갈려요!

夏 [なつ] 여름 冬 [ふゆ] 겨울 うどん 우동 ラーメン 라면 ホテル 호텔 ゲストハウス 게스트하우스 コーヒー 커피 アイス 아이스 ホット 핫 やきとり 닭꼬치 タレ 소스 しお 소금

Step 2
이번에는 우리말만 보고 패턴 사용해 문장 말해보기

J-pop과 K-pop, 어느 쪽이 좋아요?   J-pop と K-pop、どっちが 好きですか。

개와 고양이, 어느 쪽이 좋아요?

여름과 겨울, 어느 쪽이 좋아요?

우동과 라면, 어느 쪽이 좋아요?

호텔과 게스트하우스, 어느 쪽이 좋아요?

커피는 아이스와 핫, 어느 쪽이 좋아요?

닭꼬치는 소스와 소금, 어느 쪽이 좋아요?

Step 3
패턴이 들어간 실제 회화 따라 말해보기

닭꼬치를 함께 먹고 있는 상대에게
어떤 맛을 선호하는지 물을 때

타나카　　やきとりは タレと しお、どっちが 好きですか。
　　　　　닭꼬치는 소스와 소금, 어느 쪽이 좋아요?

스즈키　　私は しお派です。
　　　　　저는 소금파예요.

~派 [~は] ~파

Day 09 재테크에 관심이 있어요.

관심 있는 것을 말하는 に興味があります 패턴

財テク + に 興味が あります
재테크 　　　에 관심이 있어요

財テク [ざいテク] 재테크

관심 있는 것이나 주제를 말할 때 사용하는 패턴이에요. ~に興味があります(~에 관심이 있어요) 앞에 재테크, 골프처럼 관심 있는 대상을 넣어 말해 보세요.

Step 1
패턴이 사용된 문장 따라 말해보기

ゴルフに 興味が あります。
골프에　　관심이　　있어요.

読書会に 興味が あります。
독서 모임에　관심이　　있어요.

パーソナルカラーに 興味が あります。
퍼스널 컬러에　　　　관심이　　있어요.

動画へんしゅうに 興味が あります。
동영상 편집에　　　관심이　　있어요.

日本の アニメに 興味が あります。
일본　애니메이션에　관심이　　있어요.

パン屋巡りに 興味が あります。
빵지순례에　　관심이　　있어요.

ゴルフ 골프　読書会 [どくしょかい] 독서 모임　パーソナルカラー 퍼스널 컬러　動画 [どうが] 동영상　へんしゅう 편집
アニメ 애니메이션　パン屋巡り [パンやめぐり] 빵지순례

Step 2
이번에는 우리말만 보고 패턴 사용해 문장 말해보기

재테크에 관심이 있어요. 財テクに 興味が あります。

골프에 관심이 있어요.

독서 모임에 관심이 있어요.

퍼스널 컬러에 관심이 있어요.

동영상 편집에 관심이 있어요.

일본 애니메이션에 관심이 있어요.

빵지순례에 관심이 있어요.

Step 3
패턴이 들어간 실제 회화 따라 말해보기

취미에 대해 묻는 상대에게
빵지순례에 관심이 있다고 말할 때

타나카 明日 東京の 有名な パン屋に 行きます。
내일 도쿄의 유명한 빵집에 가요.

스즈키 私、パン屋巡りに 興味が あります。一緒に 行きましょう。
저, 빵지순례에 관심이 있어요. 같이 가요.

一緒に [いっしょに] 같이

Day 10

마음에 드는 것을 말하는 が 気に 入ります 패턴

브이로그가 마음에 들어요.

ブイログ 브이로그(vlog)

무언가가 마음에 들 때 사용하는 패턴이에요. ~が 気に 入ります(~가 마음에 들어요) 앞에 브이로그, 디자인처럼 마음에 드는 대상을 넣어 말해 보세요.

 Step 1
패턴이 사용된 문장 따라 말해보기

色が 気に 入ります。
색깔이 마음에 들어요.

デザインが 気に 入ります。
디자인이 마음에 들어요.

かみかたが 気に 入ります。
머리스타일이 마음에 들어요.

ストーリーと 演出が 気に 入ります。
스토리와 연출이 마음에 들어요.

カレーの 辛さが 気に 入ります。
카레의 매운맛이 마음에 들어요.

この カフェの 眺めが 気に 入ります。
이 카페의 경치가 마음에 들어요.

色 [いろ] 색깔   デザイン 디자인   かみかた 머리스타일   ストーリー 스토리   演出 [えんしゅつ] 연출   カレー 카레
辛さ [からさ] 매운맛   眺め [ながめ] 경치

Step 2
이번에는 우리말만 보고 패턴 사용해 문장 말해보기

| 브이로그가 마음에 들어요. | 🎤 ブイログが 気に 入ります。 |

| 색깔이 마음에 들어요. | 🎤 |

| 디자인이 마음에 들어요. | 🎤 |

| 머리스타일이 마음에 들어요. | 🎤 |

| 스토리와 연출이 마음에 들어요. | 🎤 |

| 카레의 매운맛이 마음에 들어요. | 🎤 |

| 이 카페의 경치가 마음에 들어요. | 🎤 |

Step 3
패턴이 들어간 실제 회화 따라 말해보기

💬 내가 구독한 채널을 구독했다는 상대에게
채널의 마음에 드는 점을 말할 때

타나카　私(わたし)も この チャンネル 登録(とうろく)しました。
저도 이 채널 구독했어요.

스즈키　いいですよね。私(わたし)は ブイログが 気(き)に 入(い)ります。
좋죠. 저는 브이로그가 마음에 들어요.

チャンネル 채널　登録[とうろく] (유튜브) 구독

Day 11

서투르거나 잘 못하는 것을 말하는 **私は~が苦手です** 패턴

저는 거짓말이 서툴러요.

MP3바로 듣기

私は	+	うそ	+	が 苦手です
저는		거짓말		이 서툴러요

うそ 거짓말

서투르거나 잘 못하는 것을 말할 때 사용하는 패턴이에요. 싫어하는 것, 못 먹는 것을 말할 때도 사용할 수 있어요. ~が苦手です (~이 서툴러요, ~을 잘 못해요) 앞에 거짓말, 연애처럼 자신이 없는 일을 넣어 말해 보세요.

 Step 1
패턴이 사용된 문장 따라 말해보기

私は 人前で 話すことが 苦手です。
저는 사람들 앞에서 말하는 것이 서툴러요.

私は 料理が 苦手です。
저는 요리가 서툴러요.

私は 恋愛が 苦手です。
저는 연애가 서툴러요.

私は 運動が 苦手です。
저는 운동이 서툴러요.

私は マルチタスクが 苦手です。
저는 멀티태스킹이 서툴러요.

私は わさびが 苦手です。
저는 와사비를 잘 못 먹어요.

> 어떤 음식을 잘 못 먹는다고 말할 때도 ~が苦手です를 쓸 수 있어요!

人前 [ひとまえ] 사람들 앞   話す [はなす] 1 말하다   恋愛 [れんあい] 연애   運動 [うんどう] 운동   マルチタスク 멀티태스킹   わさび 와사비

Step 2
이번에는 우리말만 보고 패턴 사용해 문장 말해보기

저는 거짓말이 서툴러요.   私は うそが 苦手です。

저는 사람들 앞에서 말하는 것이 서툴러요.

저는 요리가 서툴러요.

저는 연애가 서툴러요.

저는 운동이 서툴러요.

저는 멀티태스킹이 서툴러요.

저는 와사비를 잘 못 먹어요.

Step 3
패턴이 들어간 실제 회화 따라 말해보기

발표 준비를 했는지 묻는 상대에게
사람들 앞에서 말하는 것이 서투르다고 말할 때

타나카 明日の 発表、準備は できましたか？
내일 발표 준비는 됐어요?

스즈키 準備は しました。でも 私は 人前で 話すことが 苦手です。
준비는 했어요. 하지만 저는 사람들 앞에서 말하는 것이 서툴러요.

発表 [はっぴょう] 발표   準備 [じゅんび] 준비

Day 12

좋아하게 된 것을 말하는 が好きになりました 패턴

캠핑이 좋아졌어요.

キャンプ + が 好きになりました
캠핑   이 좋아졌어요

キャンプ 캠핑

시간이 지나면서 좋아하게 된 것을 말할 때 사용하는 패턴이에요. ～が 好きになりました(~이 좋아졌어요) 앞에 캠핑, 조깅처럼 좋아하게 된 대상을 넣어 말해 보세요.

 Step 1
패턴이 사용된 문장 따라 말해보기

ジョギングが 好きになりました。
조깅이 　　　　좋아졌어요.

時代劇が 好きになりました。
사극이 　　　　좋아졌어요.

モッパンが 好きになりました。
먹방이 　　　　좋아졌어요.

> 먹는 방송을 뜻하는 우리나라 신조어 '먹방'을 일본에서도 그대로 モッパン이라고 말해요!

この 作家の 作品が 好きになりました。
이 　 작가의 　 작품이 　　　　좋아졌어요.

日記を つけるのが 好きになりました。
일기를 　 쓰는 것이 　　　　좋아졌어요.

ケーキを 作るのが 好きになりました。
케이크를 　 만드는 것이 　　　　좋아졌어요.

ジョギング 조깅　時代劇 [じだいげき] 사극　モッパン 먹방　作家 [さっか] 작가　作品 [さくひん] 작품
日記をつける [にっきをつける] 2 일기를 쓰다　作る [つくる] 1 만들다

Step 2
이번에는 우리말만 보고 패턴 사용해 문장 말해보기

캠핑이 좋아졌어요.　　キャンプが 好きになりました。

조깅이 좋아졌어요.

사극이 좋아졌어요.

먹방이 좋아졌어요.

이 작가의 작품이 좋아졌어요.

일기를 쓰는 것이 좋아졌어요.

케이크를 만드는 것이 좋아졌어요.

Step 3
패턴이 들어간 실제 회화 따라 말해보기

어떤 드라마를 좋아하는지 묻는 상대에게
사극이 좋아졌다고 말할 때

타나카　最近 どんな ドラマが 好きですか。
요새 어떤 드라마가 좋아요?

스즈키　時代劇が 好きになりました。勉強にも なります。
사극이 좋아졌어요. 공부도 돼요.

最近 [さいきん] 요새, 최근　　勉強 [べんきょう] 공부

일본어도 역시, **해커스일본어**
japan.Hackers.com

3장

희망 사항을 말하는 패턴

해커스 일본어회화 10분의 기적
패턴으로 말하기

Day 13 새 태블릿 PC를 갖고 싶어요.
갖고 싶은 것을 말하는 がほしいです 패턴

Day 14 대학원에 가고 싶어요?
하고 싶은 일을 묻는 たいですか 패턴

Day 15 혼자 여행을 해 보고 싶어요.
해 보고 싶은 일을 말하는 をしてみたいです 패턴

Day 16 아무것도 하고 싶지 않아요.
하고 싶지 않다고 말하는 たくないです 패턴

Day 17 메시지를 봐주면 좋겠어요.
어떤 일을 해줬으면 좋겠다고 말하는 てほしいです 패턴

Day 18 스마트폰만 하지 않았으면 좋겠어요.
어떤 일을 하지 않으면 좋겠다고 말하는 てほしくないです 패턴

Day 19 여름 옷을 사러 가고 싶어요.
무언가를 하러 가고 싶다고 말하는 に行きたいです 패턴

Day 13

갖고 싶은 것을 말하는 がほしいです 패턴

새 태블릿 PC를 갖고 싶어요.

新しい [あたらしい] 새롭다   タブレットPC 태블릿 PC

갖고 싶은 것이나 원하는 것을 말할 때 사용하는 패턴이에요. ～がほしいです(~를 갖고 싶어요) 앞에 태블릿 PC, 향수처럼 갖고 싶은 물건이나 대상을 넣어 말해 보세요.

 **Step 1**
패턴이 사용된 문장 따라 말해보기

この 香水が ほしいです。
이 향수를   갖고 싶어요

ヘアアイロンが ほしいです。
고데기를   갖고 싶어요

うで時計が ほしいです。
손목시계를   갖고 싶어요

自由な 時間が ほしいです。
자유 시간을   갖고 싶어요

高い 日本語力が ほしいです。
높은 일본어 실력을   갖고 싶어요

好きな 歌手の サインが ほしいです。
좋아하는 가수의   사인을   갖고 싶어요

香水 [こうすい] 향수   ヘアアイロン 고데기   うで時計 [うでどけい] 손목 시계   自由だ [じゆうだ] 자유롭다
日本語力 [にほんごりょく] 일본어 실력   歌手 [かしゅ] 가수   サイン 사인

Step 2
이번에는 우리말만 보고 패턴 사용해 문장 말해보기

| 새 태블릿 PC를 갖고 싶어요. | 新しい タブレット PC が ほしいです。 |

이 향수를 갖고 싶어요.

고데기를 갖고 싶어요.

손목시계를 갖고 싶어요.

자유 시간을 갖고 싶어요.

높은 일본어 실력을 갖고 싶어요.

좋아하는 가수의 사인을 갖고 싶어요.

Step 3
패턴이 들어간 실제 회화 따라 말해보기

💬 고민이 있는지 묻는 상대에게
자유 시간을 갖고 싶다고 말할 때

타나카　　**最近、何か 悩みが ありますか。**
　　　　　최근에 무슨 고민 있어요?

스즈키　　**仕事が 忙しくて、自由な 時間が ほしいです。**
　　　　　일이 바빠서, 자유 시간을 갖고 싶어요.

타나카　　**大変ですね。**
　　　　　힘들겠네요.

悩み [なやみ] 고민　仕事 [しごと] 일　忙しい [いそがしい] 바쁘다　大変だ [たいへんだ] 힘들다

Day 14

하고 싶은 일을 묻는 たいですか 패턴

大学院に 行きたいですか?

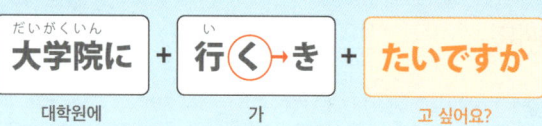

大学院に + 行く→き + たいですか
대학원에   가   고 싶어요?

大学院 [だいがくいん] 대학원 行く [いく] 1 가다

어떤 일을 하고 싶은지 물어볼 때 사용하는 패턴이에요. ~たいですか(~하고 싶어요?) 앞에 대학원 진학, 사진 촬영처럼 궁금한 일을 넣어 말해 보세요. 이때, たいですか 앞의 동사는 동사 뒤에 ます를 붙일 때와 똑같은 방식으로 바꿔서 사용해요!
*ます 붙이는 방법은 p.13~15에서 확인할 수 있어요!

 Step 1
패턴이 사용된 문장 따라 말해보기

テニスを 習<small>なら</small>いたいですか。
테니스를   배우고 싶어요?

ここで 写真<small>しゃしん</small>を 撮<small>と</small>りたいですか。
여기에서   사진을   찍고 싶어요?

車<small>くるま</small>を 買<small>か</small>い替<small>か</small>えたいですか。
차를   바꾸고 싶어요?

何<small>なに</small>か 飲<small>の</small>みたいですか。
뭔가   마시고 싶어요?

ペットを かいたいですか。
반려동물을   기르고 싶어요?

花火大会<small>はなびたいかい</small>に 行<small>い</small>きたいですか。
불꽃놀이 축제에   가고 싶어요?

習う [ならう] 1 배우다   写真 [しゃしん] 사진   撮る [とる] 1 찍다   買い替える [かいかえる] 2 (사서) 바꾸다
ペット 반려동물   かう 1 기르다   花火大会 [はなびたいかい] 불꽃놀이 축제

Step 2
이번에는 우리말만 보고 패턴 사용해 문장 말해보기

대학원에 가고 싶어요?　　大学院に 行きたいですか。

테니스를 배우고 싶어요?

여기에서 사진을 찍고 싶어요?

차를 바꾸고 싶어요?

뭔가 마시고 싶어요?

반려동물을 기르고 싶어요?

불꽃놀이 축제에 가고 싶어요?

Step 3
패턴이 들어간 실제 회화 따라 말해보기

💬 불꽃놀이 축제에 대해 이야기하는 상대에게
불꽃놀이 축제에 가고 싶은지 물을 때

타나카　　花火大会に 行きたいですか。
　　　　　불꽃놀이 축제에 가고 싶어요?

스즈키　　ぜひ 行きたいです。
　　　　　꼭 가고 싶어요.

타나카　　じゃ、今週末に 一緒に 行きましょう。
　　　　　그럼, 이번 주말에 같이 가요.

ぜひ 꼭　今週末 [こんしゅうまつ] 이번 주말

Day 15

해 보고 싶은 일을 말하는 をしてみたいです 패턴

혼자 여행을 해 보고 싶어요.

一人旅(ひとりたび) + を して みたいです
혼자 여행   을 해 보고 싶어요

一人旅 [ひとりたび] 혼자 여행

시도해 보고 싶은 일, 도전해 보고 싶은 일을 말할 때 사용하는 패턴이에요. 〜をしてみたいです(〜을 해 보고 싶어요) 앞에 혼자 여행하는 것, 동아리 활동처럼 시도해보고 싶은 일을 넣어 말해보세요.

Step 1
패턴이 사용된 문장 따라 말해보기

部活(ぶかつ)を して みたいです。
동아리 활동을 해 보고 싶어요.

バンジージャンプを して みたいです。
번지점프를 해 보고 싶어요.

副業(ふくぎょう)を して みたいです。
부업을 해 보고 싶어요.

演技(えんぎ)を して みたいです。
연기를 해 보고 싶어요.

スイスで スキーを して みたいです。
스위스에서 스키를 타 보고 싶어요.

> 일본에서는 '스키를 타다'를 スキーをする(스키를 하다)라고 표현해요!

海(うみ)で 釣(つ)りを して みたいです。
바다에서 낚시를 해 보고 싶어요.

部活 [ぶかつ] 동아리　バンジージャンプ 번지점프　副業 [ふくぎょう] 부업　演技 [えんぎ] 연기　スキー 스키
釣り [つり] 낚시

Step 2
이번에는 우리말만 보고 패턴 사용해 문장 말해보기

혼자 여행을 해 보고 싶어요.　　一人旅を して みたいです。

동아리 활동을 해 보고 싶어요.

번지점프를 해 보고 싶어요.

부업을 해 보고 싶어요.

연기를 해 보고 싶어요.

스위스에서 스키를 타 보고 싶어요.

바다에서 낚시를 해 보고 싶어요.

Step 3
패턴이 들어간 실제 회화 따라 말해보기

여행에서 무엇을 할지 묻는 상대에게
스키를 타 보고 싶다고 말할 때

타나카　スイス旅行で 何を しますか。
　　　　스위스 여행에서 뭘 해요?

스즈키　スイスで スキーを して みたいです。でも 少し 怖いです。
　　　　스위스에서 스키를 타 보고 싶어요. 그런데 조금 무서워요.

타나카　初心者コースも あるから 大丈夫ですよ。
　　　　초보자 코스도 있으니까 괜찮아요.

少し [すこし] 조금　怖い [こわい] 무섭다　初心者 [しょしんしゃ] 초보자　コース 코스

Day 16

하고 싶지 않다고 말하는 たくないです 패턴

아무것도 하고 싶지 않아요.

何も [なにも] 아무것도　する 3 하다

무언가를 하고 싶지 않다고 말할 때 사용하는 패턴이에요. 〜たくないです(~하고 싶지 않아요) 앞에 기상, 출근처럼 하기 싫은 일을 넣어 말해보세요. 이때, たくないです 앞의 동사는 동사 뒤에 ます를 붙일 때와 똑같은 방식으로 바꿔서 사용해요!
*ます 붙이는 방법은 p.13~15에서 확인할 수 있어요!

 Step 1
패턴이 사용된 문장 따라 말해보기

起きたくないです。
일어나고 싶지 않아요.

その 話を したくないです。
그 이야기를 하고 싶지 않아요.

お酒を 飲みたくないです。
술을 마시고 싶지 않아요.

会社に 行きたくないです。
회사에 가고 싶지 않아요.

姉に かばんを 貸したくないです。
언니에게 가방을 빌려주고 싶지 않아요.

雨の日は 出かけたくないです。
비 오는 날은 외출하고 싶지 않아요.

起きる [おきる] 2 일어나다　話 [はなし] 이야기　お酒 [おさけ] 술　飲む [のむ] 1 마시다　かばん 가방
貸す [かす] 1 빌려주다　出かける [でかける] 2 외출하다

Step 2
이번에는 우리말만 보고 패턴 사용해 문장 말해보기

아무것도 하고 싶지 않아요. 　　何も したくないです。

일어나고 싶지 않아요.

그 이야기를 하고 싶지 않아요.

술을 마시고 싶지 않아요.

회사에 가고 싶지 않아요.

언니에게 가방을 빌려주고 싶지 않아요.

비 오는 날은 외출하고 싶지 않아요.

Step 3
패턴이 들어간 실제 회화 따라 말해보기

회식 참석 여부를 묻는 상대에게
술을 마시고 싶지 않다고 말할 때

타나카　今晩、飲み会が ありますよね。
　　　　오늘 밤 회식이 있지요.

스즈키　はい。田中さんは 参加しますか。
　　　　네. 타나카 씨는 참석하나요?

타나카　いいえ。私、今日は お酒を 飲みたくないです。
　　　　아뇨. 저, 오늘은 술을 마시고 싶지 않아요.

今晩 [こんばん] 오늘 밤　参加 [さんか] 참석, 참가

Day 17

어떤 일을 해줬으면 좋겠다고 말하는 てほしいです 패턴

메시지를 봐주면 좋겠어요.

メッセージを 메시지를   見る [みる] 2 보다

상대방이 어떤 일을 해 주길 바랄 때 사용하는 패턴이에요. ~てほしいです(~해주면 좋겠어요) 앞에 도움, 확인처럼 상대방이 해줬으면 하는 일을 넣어 말해보세요. 이때, てほしいです 앞의 동사는 동사 뒤에 て를 붙일 때와 똑같은 방식으로 바꿔서 사용해요!
*て 붙이는 방법은 p.13~15에서 확인할 수 있어요!

Step 1
패턴이 사용된 문장 따라 말해보기

引っ越しを 手伝って ほしいです。
이사를   도와주면   좋겠어요.

約束時間を 守って ほしいです。
약속 시간을 지켜주면   좋겠어요.

もっと 話して ほしいです。
더   얘기해주면 좋겠어요.

相互フォローして ほしいです。
맞팔해주면   좋겠어요.

> SNS에서 서로 팔로우하는 것(=친구를 맺는 것)을 相互フォロー라고 해요!

会議の 前に 資料を 確認して ほしいです。
회의   전에 자료를 확인해주면 좋겠어요.

遅くなる 前に 連絡して ほしいです。
늦기   전에 연락해주면 좋겠어요.

引っ越し [ひっこし] 이사 手伝う [てつだう] 1 돕다 約束 [やくそく] 약속 守る [まもる] 1 지키다 もっと 더
相互フォロー [そうごフォロー] 맞팔, 맞팔로우 資料 [しりょう] 자료 確認 [かくにん] 확인 連絡 [れんらく] 연락

Step 2
이번에는 우리말만 보고 패턴 사용해 문장 말해보기

| 메시지를 봐주면 좋겠어요. | メッセージを 見て ほしいです。 |

이사를 도와주면 좋겠어요.

약속 시간을 지켜주면 좋겠어요.

더 얘기해주면 좋겠어요.

맞팔해주면 좋겠어요.

회의 전에 자료를 확인해주면 좋겠어요.

늦기 전에 연락해주면 좋겠어요.

Step 3
패턴이 들어간 실제 회화 따라 말해보기

주말에 아무 일정이 없다는 상대에게
이사를 도와주면 좋겠다고 부탁할 때

타나카　　週末に 何か しますか？
　　　　　주말에 뭔가 하나요?

스즈키　　特に なにも しないです。
　　　　　딱히 아무것도 안 해요.

타나카　　じゃ、引っ越しを 手伝って ほしいです。
　　　　　그럼, 이사를 도와주면 좋겠어요.

特に [とくに] 딱히, 특별히

Day 18

어떤 일을 하지 않으면 좋겠다고 말하는 てほしくないです 패턴

스마트폰만 하지 않았으면 좋겠어요.

スマホだけ + する→し + て ほしくないです
스마트폰만   하   지 않았으면 좋겠어요

スマホ 스마트폰

어떤 일을 하지 않기를 바랄 때 사용하는 패턴이에요. 일어나지 않기를 바라는 일에도 사용할 수 있어요. ~てほしくないです(~하지 않았으면 좋겠어요) 앞에 무리, 담배처럼 하지 않기를 바라는 일을 넣어 말해보세요. 이때, てほしくないです 앞의 동사는 동사 뒤에 て를 붙일 때와 똑같은 방식으로 바꿔서 사용해요!
*て 붙이는 방법은 p.13~15에서 확인할 수 있어요!

 Step 1
패턴이 사용된 문장 따라 말해보기

無理を して ほしくないです。
무리를   하지   않았으면 좋겠어요.

うるさく して ほしくないです。
시끄럽게   하지   않았으면 좋겠어요.

怒って ほしくないです。
화를 내지   않았으면 좋겠어요.

タバコを 吸って ほしくないです。
담배를   피우지   않았으면 좋겠어요.

夏休みが 終わって ほしくないです。
여름방학이   끝나지   않았으면 좋겠어요.

SNSには のせて ほしくないです。
SNS에는   올리지   않았으면 좋겠어요.

無理 [むり] 무리　うるさい 시끄럽다　怒る [おこる] 1 화내다　タバコ 담배　吸う [すう] 1 (담배를)피우다, 들이마시다　終わる [おわる] 1 끝나다　のせる 2 올리다

Step 2
이번에는 우리말만 보고 패턴 사용해 문장 말해보기

스마트폰만 하지 않았으면 좋겠어요. スマホだけ して ほしくないです。

무리를 하지 않았으면 좋겠어요.

시끄럽게 하지 않았으면 좋겠어요.

화를 내지 않았으면 좋겠어요.

담배를 피우지 않았으면 좋겠어요.

여름방학이 끝나지 않았으면 좋겠어요.

SNS에는 올리지 않았으면 좋겠어요.

Step 3
패턴이 들어간 실제 회화 따라 말해보기

사진을 SNS에 올려도 되는지 묻는 상대에게
올리지 않았으면 좋겠다고 말할 때

타나카　この 写真、SNSに アップしても いいですか。
　　　　이 사진, SNS에 업로드해도 돼요?

스즈키　すみません。SNSには のせて ほしくないです。
　　　　미안해요. SNS에는 올리지 않았으면 좋겠어요.

타나카　わかりました。これは のせません。
　　　　알겠어요. 이건 안 올릴게요.

アップする 3 업로드하다, 올리다 　のせる 2 올리다, 싣다

Day 19

무언가를 하러 가고 싶다고 말하는 に 行きたいです 패턴

여름 옷을 사러 가고 싶어요.

MP3바로 듣기

夏服を (여름 옷을) + 買う→い (사) + に 行きたいです (러 가고 싶어요)

夏服 [なつふく] 여름 옷

무언가를 하러 가고 싶다고 말할 때 사용하는 패턴이에요. ～に 行きたいです (~하러 가고 싶어요) 앞에 쇼핑, 산책처럼 내가 하고 싶은 일을 넣어 말해보세요. 이때, に 行きたいです 앞의 동사는 동사 뒤에 ます를 붙일 때와 똑같은 방식으로 바꿔서 사용해요!
*ます 붙이는 방법은 p.13~15에서 확인할 수 있어요!

 Step 1
패턴이 사용된 문장 따라 말해보기

ちょっと 散歩しに 行きたいです。
잠깐   산책하러   가고 싶어요.

ガチャを 引きに 行きたいです。
가챠를   뽑으러   가고 싶어요.

> 동전을 넣고 돌려서 물건을 뽑는 것을 ガチャ라고 해요!

海を 見に 行きたいです。
바다를 보러   가고 싶어요.

母の 料理を 食べに 行きたいです。
엄마의 요리를 먹으러   가고 싶어요.

友だちと 遊びに 行きたいです。
친구랑   놀러   가고 싶어요.

イギリスに サッカーを 見に 行きたいです。
영국에   축구를   보러   가고 싶어요.

ちょっと 잠깐 散歩 [さんぽ] 산책 引く [ひく] 1 뽑다 遊ぶ [あそぶ] 1 놀다 イギリス 영국 サッカー 축구

Step 2
이번에는 우리말만 보고 패턴 사용해 문장 말해보기

여름 옷을 사러 가고 싶어요.   夏服を 買いに 行きたいです。

잠깐 산책하러 가고 싶어요.

가챠를 뽑으러 가고 싶어요.

바다를 보러 가고 싶어요.

엄마의 요리를 먹으러 가고 싶어요.

친구랑 놀러 가고 싶어요.

영국에 축구를 보러 가고 싶어요.

Step 3
패턴이 들어간 실제 회화 따라 말해보기

날이 덥다고 말하는 상대에게
여름 옷을 사러 가고 싶다고 말할 때

타나카 今日、暑すぎですね。
오늘 너무 덥네요.

스즈키 もう 夏ですよ。夏服を 買いに 行きたいですね。
이미 여름이에요. 여름 옷을 사러 가고 싶네요.

타나카 週末に 一緒に 原宿に 行きましょう。
주말에 같이 하라주쿠에 가요.

暑い [あつい] 덥다 もう 이미

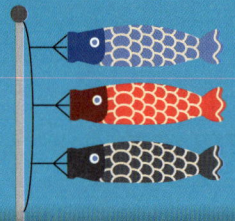

일본어도 역시, **해커스일본어**
japan.Hackers.com

4장

감정을
표현하는 패턴

해커스 일본어회화 10분의 기적
패턴으로 말하기

Day 20
콘서트가 기대돼요.
무언가가 기대된다고 말하는 が楽しみです 패턴

Day 21
구직 활동이 힘들어요.
힘든 일을 말하는 が大変です 패턴

Day 22
건강검진 결과가 걱정이에요.
걱정을 표현하는 が心配です 패턴

Day 23
우산이 있어서 다행이에요.
다행이라고 말하는 てよかったです 패턴

Day 24
오늘은 두통이 심해요.
정도가 심하다고 말하는 がひどいです 패턴

Day 25
사소한 것이 신경 쓰여요.
신경 쓰이는 것을 말하는 が気になります 패턴

Day 26
칼로리는 상관없어요.
상관없다고 말하는 は気にしません 패턴

Day 27
도와줘서 고마워요.
감사한 마음을 전하는 てくれてありがとうございます 패턴

Day 28
답장이 늦어져서 미안해요.
미안한 마음을 전하는 てすみません 패턴

Day 29
나 자신을 믿을 수가 없어요.
믿을 수 없는 사실을 말하는 が信じられないです 패턴

Day 20

무언가가 기대된다고 말하는 が 楽しみです 패턴

콘서트가 기대돼요.

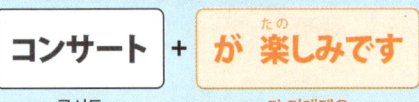

앞으로 있을 일이나 어떤 것에 대한 기대감을 표현할 때 사용하는 패턴이에요. ~が 楽しみです(~가 기대돼요)앞에 콘서트, 생일 선물처럼 기대하고 있는 일을 넣어 말해보세요.

 **Step 1**
패턴이 사용된 문장 따라 말해보기

誕生日プレゼントが 楽しみです。
생일 선물이 　　　　기대돼요.

彼とのデートが 楽しみです。
그와의 데이트가 　　　기대돼요.

明日の 試合が 楽しみです。
내일 　경기가 　　　기대돼요.

ドラマの 次の シーズンが 楽しみです。
드라마 　다음 　시즌이 　　　기대돼요.

給料日が 楽しみです。
월급날이 　　　기대돼요.

人生初の ビジネスクラスが 楽しみです。
인생 첫 　　비즈니스석이 　　　기대돼요.

プレゼント 선물　デート 데이트　試合 [しあい] 시합　次 [つぎ] 다음　シーズン 시즌　給料日 [きゅうりょうび] 월급날
人生初 [じんせいはつ] 인생 첫　ビジネスクラス 비즈니스석, 비즈니스클래스

Step 2
이번에는 우리말만 보고 패턴 사용해 문장 말해보기

콘서트가 기대돼요. 　　コンサートが 楽しみです。

생일 선물이 기대돼요.

그와의 데이트가 기대돼요.

내일 경기가 기대돼요.

드라마 다음 시즌이 기대돼요.

월급날이 기대돼요.

인생 첫 비즈니스석이 기대돼요.

Step 3
패턴이 들어간 실제 회화 따라 말해보기

> 같이 콘서트에 가는 상대에게
> **콘서트가 기대된다고 말할 때**

타나카　　来週の コンサート、チケット 買いましたか？
　　　　다음 주의 콘서트, 티켓 샀어요?

스즈키　　はい！鈴木さんは？
　　　　네! 스즈키 씨는요?

타나카　　私も 買いました。コンサートが とても 楽しみです。
　　　　저도 샀어요. 콘서트가 정말 기대돼요.

来週 [らいしゅう] 다음 주　チケット 티켓

Day 21

힘든 일을 말하는 が 大変です 패턴

구직 활동이 힘들어요.

就活 + が 大変です
구직 활동   이 힘들어요

就活 [しゅうかつ] 구직 활동

어떤 일이 힘들거나 어렵다는 것을 표현할 때 사용하는 패턴이에요. ~が 大変です(~이 힘들어요) 앞에 구직 활동, 다이어트처럼 힘든 일을 넣어 말해보세요.

🔊 Step 1
패턴이 사용된 문장 따라 말해보기

ダイエットが 大変です。
다이어트가   힘들어요.

子育てが 大変です。
육아가   힘들어요.

恋愛が 大変です。
연애가   힘들어요.

暑さが 大変です。
더위가   힘들어요.

通勤が 大変です。
출퇴근이   힘들어요.

漢字を 覚えるのが 大変です。
한자를 외우는 게   힘들어요.

ダイエット 다이어트   子育て [こそだて] 육아   恋愛 [れんあい] 연애   暑さ [あつさ] 더위   通勤 [つうきん] 출퇴근, 통근
漢字 [かんじ] 한자   覚える [おぼえる] 2 외우다

Step 2
이번에는 우리말만 보고 패턴 사용해 문장 말해보기

구직 활동이 힘들어요.　　　🎤　　就活が 大変です。

다이어트가 힘들어요.　　　🎤

육아가 힘들어요.　　　🎤

연애가 힘들어요.　　　🎤

더위가 힘들어요.　　　🎤

출퇴근이 힘들어요.　　　🎤

한자를 외우는 게 힘들어요.　　　🎤

Step 3
패턴이 들어간 실제 회화 따라 말해보기

💬 더위에 대해 이야기하고 있는 상대에게
더위가 힘들다고 말할 때

타나카　　最近、暑さが 本当に 大変です。
　　　　요새, 더위가 정말 힘들어요.

스즈키　　そうですよ。去年よりも 暑いですね。
　　　　그러게요. 작년보다도 덥네요.

타나카　　エアコンが ない 生活は もう できません。
　　　　에어컨이 없는 생활은 이제 불가능해요.

最近 [さいきん] 요새, 최근　去年 [きょねん] 작년　～より ~보다　エアコン 에어컨　生活 [せいかつ] 생활

Day 22

걱정을 표현하는 が心配です 패턴

건강검진 결과가 걱정이에요.

健康診断の + 結果 + が 心配です
건강검진 + 결과 + 가 걱정이에요

健康診断 [けんこうしんだん] 건강검진　結果 [けっか] 결과

무언가에 대한 걱정이나 불안한 마음을 표현할 때 사용하는 패턴이에요. 〜が心配です(~가 걱정이에요) 앞에 건강검진 결과, 성적처럼 걱정되는 것을 넣어 말해보세요.

Step 1
패턴이 사용된 문장 따라 말해보기

カード代金が 心配です。
카드값이　　　걱정이에요.

今学期の 成績が 心配です。
이번 학기　성적이　걱정이에요.

明日の プレゼンが 心配です。
내일　　발표가　　걱정이에요.

台風が 心配です。
태풍이　걱정이에요.

ペットの 健康が 心配です。
반려동물의　건강이　걱정이에요.

ゴールデンウイークの 渋滞が 心配です。
골든위크의　　　　　차 밀림이　걱정이에요.

カード代金 [カードだいきん] 카드값　今学期 [こんがっき] 이번 학기　成績 [せいせき] 성적　プレゼン 발표, 프레젠테이션
台風 [たいふう] 태풍　ペット 반려동물　健康 [けんこう] 건강　ゴールデンウイーク 골든위크　渋滞 [じゅうたい] 차 밀림, 정체

Step 2
이번에는 우리말만 보고 패턴 사용해 문장 말해보기

건강검진 결과가 걱정이에요.　　健康診断の 結果が 心配です。

카드값이 걱정이에요.

이번 학기 성적이 걱정이에요.

내일 발표가 걱정이에요.

태풍이 걱정이에요.

반려동물의 건강이 걱정이에요.

골든위크의 차 밀림이 걱정이에요.

Step 3
패턴이 들어간 실제 회화 따라 말해보기

💬 무슨 일 있는지 묻는 상대에게
발표가 걱정된다고 말할 때

타나카　　元気が ないですね。何か ありましたか？
기운이 없네요. 무슨 일 있었어요?

스즈키　　実は 明日の プレゼンが 心配です。うまく できるかな…。
실은 내일 발표가 걱정이에요. 잘 할 수 있으려나...

타나카　　大丈夫ですよ。鈴木さんは よく できると 思います。
괜찮아요. 스즈키 씨는 잘 할 수 있을 거라고 생각해요.

元気がない [げんきがない] 기운이 없다　実は [じつは] 실은

Day 23

다행이라고 말하는 てよかったです 패턴

우산이 있어서 다행이에요.

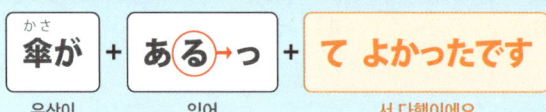

傘が + ある→っ + て よかったです
우산이 + 있어 + 서 다행이에요

傘 [かさ] 우산

어떤 일에 대해 다행이라고 안도의 마음을 표현할 때 사용하는 패턴이에요. ~てよかったです(~해서 다행이에요) 앞에 우산이 있거나, 사진을 찍어둔 일처럼 다행이라고 생각하는 일을 넣어 말해보세요. 이때, てよかったです 앞의 동사는 동사 뒤에 て를 붙일 때와 똑같은 방식으로 바꿔서 사용해요!
*て 붙이는 방법은 p.13~15에서 확인할 수 있어요!

 Step 1
패턴이 사용된 문장 따라 말해보기

早く 起きて よかったです。
일찍 일어나서 다행이에요.

席を 取って よかったです。
자리를 잡아서 다행이에요.

保険が あって よかったです。
보험이 있어서 다행이에요.

先輩に 相談して よかったです。
선배와 상담해서 다행이에요.

写真を とって おいて よかったです。
사진을 찍어 둬서 다행이에요.

3時間前に 空港に 着いて よかったです。
3시간 전에 공항에 도착해서 다행이에요.

早く [はやく] 일찍 起きる [おきる] 2 일어나다 席 [せき] 자리 取る [とる] 1 잡다 保険 [ほけん] 보험 先輩 [せんぱい] 선배
相談 [そうだん] 상담 写真 [しゃしん] 사진 とる 1 찍다 おく 두다 空港 [くうこう] 공항 着く [つく] 1 도착하다

Step 2
이번에는 우리말만 보고 패턴 사용해 문장 말해보기

우산이 있어서 다행이에요.   傘が あって よかったです。

일찍 일어나서 다행이에요.

자리를 잡아서 다행이에요.

보험이 있어서 다행이에요.

선배와 상담해서 다행이에요.

사진을 찍어 둬서 다행이에요.

3시간 전에 공항에 도착해서 다행이에요.

Step 3
패턴이 들어간 실제 회화 따라 말해보기

갑자기 비가 온다고 말하는 상대에게
우산을 가져와서 다행이라고 말할 때

타나카   **突然 雨が 降りますね。**
갑자기 비가 오네요.

스즈키   **はい、傘が あって よかったです。**
네, 우산이 있어서 다행이에요.

타나카   **そうですね。**
그러게요.

突然 [とつぜん] 갑자기   降る [ふる] 1 (비가) 오다, 내리다

Day 24

정도가 심하다고 말하는 がひどいです 패턴

오늘은 두통이 심해요.

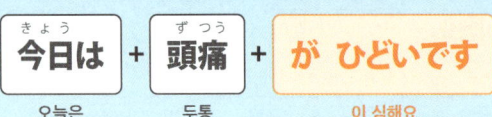

今日 [きょう] 오늘   頭痛 [ずつう] 두통

어떤 상태가 심각하거나 정도가 심할 때 사용하는 패턴이에요. 〜がひどいです(~이 심해요) 앞에 두통, 스트레스처럼 정도가 심하다고 느껴지는 일을 넣어 말해보세요.

 Step 1
패턴이 사용된 문장 따라 말해보기

ストレスが ひどいです。
스트레스가   심해요.

もんく
文句が ひどいです。
불만이   심해요.

めいわく
迷惑メールが ひどいです。   일본에서는 문자메시지도
스팸 문자가   심해요.   メール라고 표현해요!

へんしょく
偏食が ひどいです。
편식이   심해요.

　　　　　　にお
ここ たばこの 匂いが ひどいです。
여기   담배   냄새가   심해요.

この アプリ、バグが ひどいです。
이   앱,   버그가   심해요.

ストレス 스트레스   文句 [もんく] 불만   迷惑メール [めいわくメール] 스팸 문자   偏食 [へんしょく] 편식   たばこ 담배
匂い [におい] 냄새   アプリ 앱   バグ 버그

Step 2
이번에는 우리말만 보고 패턴 사용해 문장 말해보기

오늘은 두통이 심해요.　今日は 頭痛が ひどいです。

스트레스가 심해요.

불만이 심해요.

스팸 문자가 심해요.

편식이 심해요.

여기 담배 냄새가 심해요.

이 앱, 버그가 심해요.

Step 3
패턴이 들어간 실제 회화 따라 말해보기

안색이 신경 쓰이던 상대에게
두통이 심하다고 말할 때

타나카　今日は 頭痛が ひどいです。
오늘은 두통이 심해요.

스즈키　だから 顔色が 悪いですね。薬は 飲みましたか。
그래서 안색이 나쁘군요. 약은 먹었어요?

타나카　薬は 飲みませんでした。後で 病院に 行く つもりです。
약은 안 먹었어요. 나중에 병원에 갈 생각이에요.

顔色 [かおいろ] 안색　悪い [わるい] 나쁘다

Day 25

신경 쓰이는 것을 말하는 が 気になります 패턴

사소한 것이 신경 쓰여요.

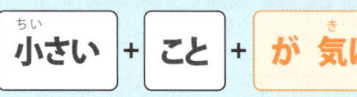

小さい [ちいさい] 사소하다, 작다

마음에 걸리거나 신경 쓰이는 것, 궁금한 것을 말할 때 사용하는 패턴이에요. **~が 気になります**(~이 신경 쓰여요) 앞에 사소한 것, 위층 소리처럼 신경 쓰이는 대상을 넣어 말해보세요.

Step 1
패턴이 사용된 문장 따라 말해보기

上階の 音が 気になります。
위층 소리가 신경 쓰여요.

彼女の 話が 気になります。
그녀의 이야기가 신경 쓰여요.

SNSの コメントが 気になります。
SNS의 댓글이 신경 쓰여요.

白髪が 気になります。
흰머리가 신경 쓰여요.

社長の 反応が 気になります。
사장님의 반응이 신경 쓰여요.

となりの 人の 香水が 気になります。
옆 사람의 향수가 궁금해요.

> ~が 気になります는 '~가 궁금해요'라는 뜻으로도 사용해요!

上階 [じょうかい] 위층   音 [おと] 소리   話 [はなし] 이야기   コメント 댓글   白髪 [しらが] 흰머리   社長 [しゃちょう] 사장님
反応 [はんのう] 반응   となり 옆   香水 [こうすい] 향수

Step 2
이번에는 우리말만 보고 패턴 사용해 문장 말해보기

| 사소한 것이 신경 쓰여요. | 小さい ことが 気になります。 |

위층 소리가 신경 쓰여요.

그녀의 이야기가 신경 쓰여요.

SNS의 댓글이 신경 쓰여요.

흰머리가 신경 쓰여요.

사장님의 반응이 신경 쓰여요.

옆 사람의 향수가 궁금해요.

Step 3
패턴이 들어간 실제 회화 따라 말해보기

면담이 어땠는지 묻는 상대에게
사장님 반응이 신경 쓰인다고 말할 때

타나카　社長との 面談、どうでしたか？
　　　　사장님과의 면담, 어땠어요?

스즈키　社長の 反応が 気になります。
　　　　사장님의 반응이 신경 쓰여요.

타나카　きっと いい 評価を もらえますよ。
　　　　분명 좋은 평가를 받을 수 있을거예요.

面談 [めんだん] 면담　きっと 분명　評価 [ひょうか] 평가　もらえる 2 받을 수 있다

Day 26

상관없다고 말하는 は 気にしません 패턴

칼로리는 상관없어요.

カロリー + は 気(き)にしません
칼로리   는 상관없어요

어떤 일에 대해 상관없거나 개의치 않는다고 말할 때 사용하는 패턴이에요. ～は 気にしません(~는 상관없어요) 앞에 칼로리, 가격처럼 신경쓰지 않는 것을 넣어 말해보세요.

Step 1
패턴이 사용된 문장 따라 말해보기

値段(ねだん)は 気(き)にしません。
가격은   상관없어요.

少(すこ)し 待(ま)つのは 気(き)にしません。
조금   기다리는 건   상관없어요.

ブランドは 気(き)にしません。
브랜드는   상관없어요.

身長(しんちょう)は 気(き)にしません。
키는   상관없어요.

ネタバレは 気(き)にしません。
스포일러는   신경 안 써요.

> 気にしません은 '신경 안 써요'라는 뜻으로도 사용할 수 있어요!

他人(たにん)の 目(め)は 気(き)にしません。
다른 사람의   눈은   신경 안 써요.

値段 [ねだん] 가격 少し [すこし] 조금 待つ [まつ] 1 기다리다 ブランド 브랜드 身長 [しんちょう] 키 ネタバレ 스포일러
他人 [たにん] 다른 사람 目 [め] 눈

Step 2
이번에는 우리말만 보고 패턴 사용해 문장 말해보기

칼로리는 상관없어요.　　カロリーは 気にしません。

가격은 상관없어요.

조금 기다리는 건 상관없어요.

브랜드는 상관없어요.

키는 상관없어요.

스포일러는 신경 안 써요.

다른 사람의 눈은 신경 안 써요.

Step 3
패턴이 들어간 실제 회화 따라 말해보기

요새 인기인 영화를 봤다는 상대에게
스포일러는 상관없으니 알려 달라고 말할 때

타나카　最近 人気の 映画 見ましたか。
　　　　　さいきん　にんき　　えいが　　み
요새 인기인 영화 봤어요?

스즈키　はい、見ました。すごく よかったです。
　　　　　　　　み
네, 봤어요. 정말 좋았어요.

타나카　私、ネタバレは 気にしません。結末が 知りたいです。
　　　　わたし　　　　　　　　き　　　　　　　　けつまつ　し
저, 스포일러는 신경 안 써요. 결말을 알고 싶어요.

人気 [にんき] 인기　結末 [けつまつ] 결말　知る [しる] 1 알다

Day 27

감사한 마음을 전하는 てくれてありがとうございます 패턴

도와줘서 고마워요.

 + **て くれて ありがとうございます**
    도와   줘서 고마워요

나에게 해준 일에 감사한 마음을 전할 때 사용하는 패턴이에요. ~てくれてありがとうございます(~해 줘서 고마워요) 앞에 도와준 일, 데려다 준 일처럼 감사한 일을 넣어 말해보세요. 이때, てくれてありがとうございます 앞의 동사는 동사 뒤에 て를 붙일 때와 똑같은 방식으로 바꿔서 사용해요!

*て 붙이는 방법은 p.13~15에서 확인할 수 있어요!

 Step 1
패턴이 사용된 문장 따라 말해보기

車で 送って くれて ありがとうございます。
차로   데려다   줘서   고마워요.

心配して くれて ありがとうございます。
걱정해   줘서   고마워요.

話を 聞いて くれて ありがとうございます。
이야기를   들어   줘서   고마워요.

ほめて くれて ありがとうございます。
칭찬해   줘서   고마워요.

ご飯を おごって くれて ありがとうございます。
밥을   사   줘서   고마워요.

わざわざ 連絡して くれて ありがとうございます。
일부러   연락해   줘서   고마워요.

車 [くるま] 차 送る [おくる] 1 데려다 주다 心配 [しんぱい] 걱정 話 [はなし] 이야기 聞く [きく] 1 듣다 ほめる 2 칭찬하다 ご飯 [ごはん] 밥 おごる 1 사다 わざわざ 일부러 連絡 [れんらく] 연락

Step 2
이번에는 우리말만 보고 패턴 사용해 문장 말해보기

도와줘서 고마워요.　　　　手伝って くれて ありがとうございます。

차로 데려다줘서 고마워요.

걱정해 줘서 고마워요.

이야기를 들어 줘서 고마워요.

칭찬해 줘서 고마워요.

밥을 사 줘서 고마워요.

일부러 연락해 줘서 고마워요.

Step 3
패턴이 들어간 실제 회화 따라 말해보기

💬 차로 데려다 준 상대에게
감사한 마음을 전할 때

타나카　　車で 送って くれて ありがとうございます。
　　　　　차로 데려다줘서 고마워요.

스즈키　　いいえ、どういたしまして。
　　　　　아뇨, 천만에요.

타나카　　おかげで 早く 着きました。
　　　　　덕분에 일찍 도착했어요.

おかげで 덕분에

Day 28

미안한 마음을 전하는 **てすみません** 패턴

답장이 늦어져서 미안해요.

返事が + 遅くな~~る~~→っ + て すみません
답장이   늦어져   서 미안해요

返事 [へんじ] 답장   遅くなる [おそくなる] 늦어지다

미안한 마음을 전할 때 사용하는 패턴이에요. **~てすみません**(~해서 미안해요) 앞에 답장이 늦은 일, 약속을 까먹은 일처럼 미안한 일을 넣어 말해보세요. 이때, **てすみません** 앞의 동사는 동사 뒤에 **て**를 붙일 때와 똑같은 방식으로 바꿔서 사용해요!
* て 붙이는 방법은 p.13~15에서 확인할 수 있어요!

Step 1
패턴이 사용된 문장 따라 말해보기

約束を 忘れて すみません。
약속을   까먹어서   미안해요.

突然 呼び出して すみません。
갑자기 불러내서   미안해요.

話を 切って すみません。
이야기를 끊어서   미안해요.

お水を こぼして すみません。
물을   쏟아서   미안해요.

電話に 出なくて すみません。
전화를   못 받아서   미안해요.

> 일본에서는 '전화를 받다'를 電話に出る (전화에 나가다)라고 표현해요!

無理を 言って すみません。
무리한 부탁을 해서   미안해요.

> 일본어로 無理を言う는 '무리한 부탁을 하다, 억지를 부리다'라는 의미예요!

約束 [やくそく] 약속   忘れる [わすれる] 2 까먹다   突然 [とつぜん] 갑자기   呼び出す [よびだす] 1 불러내다
切る [きる] 1 끊다   お水 [おみず] 물   こぼす 1 쏟다   電話に出る [でんわにでる] 2 전화를 받다

Step 2
이번에는 우리말만 보고 패턴 사용해 문장 말해보기

답장이 늦어져서 미안해요. → 返事が 遅くなって すみません。

약속을 까먹어서 미안해요.

갑자기 불러내서 미안해요.

이야기를 끊어서 미안해요.

물을 쏟아서 미안해요.

전화를 못 받아서 미안해요.

무리한 부탁을 해서 미안해요.

Step 3
패턴이 들어간 실제 회화 따라 말해보기

💬 메일 답장을 해야 하는 상대에게
답장이 늦어져서 미안하다고 말할 때

타나카　鈴木さん、メールの 返事が 遅くなって すみません。
　　　　스즈키 씨, 메일 답장이 늦어져서 미안해요.

스즈키　大丈夫ですよ。忙しかったですか？
　　　　괜찮아요. 바빴나요?

타나카　はい、昨日は 残業で 時間が なかったんです。
　　　　네, 어제는 야근으로 시간이 없었어요.

忙しい [いそがしい] 바쁘다

Day 29

믿을 수 없는 사실을 말하는 が信じられないです 패턴

나 자신을 믿을 수가 없어요.

自分自身 (じぶんじしん) + が 信じられないです
나 자신   을 믿을 수가 없어요

自分自身 [じぶんじしん] 나 자신

놀랍거나 믿을 수 없는 사실을 말할 때 사용하는 패턴이에요. ~が信じられないです(~을 믿을 수가 없어요) 앞에 뉴스, 영화의 결말처럼 믿기 어려운 사실, 일을 넣어 말해보세요.

 Step 1
패턴이 사용된 문장 따라 말해보기

この ニュースが 信じられないです。
이   뉴스를   믿을 수가 없어요.

アイドルを 見た ことが 信じられないです。
아이돌을   본   것을   믿을 수가 없어요.

この 映画の 結末が 信じられないです。
이   영화의   결말을   믿을 수가 없어요.

コスパが 信じられないです。
가성비를   믿을 수가 없어요.

新しい AIの 能力が 信じられないです。
새로운   AI의   능력을   믿을 수가 없어요.

彼の 不合格が 信じられないです。
그의   불합격을   믿을 수가 없어요.

ニュース 뉴스 アイドル 아이돌 映画 [えいが] 영화 結末 [けつまつ] 결말 コスパ 가성비 新しい [あたらしい] 새롭다 能力 [のうりょく] 능력 不合格 [ふごうかく] 불합격

Step 2
이번에는 우리말만 보고 패턴 사용해 문장 말해보기

나 자신을 믿을 수가 없어요. **自分自身が 信じられないです。**

이 뉴스를 믿을 수가 없어요.

아이돌을 본 것을 믿을 수가 없어요.

이 영화의 결말을 믿을 수가 없어요.

가성비를 믿을 수가 없어요.

새로운 AI의 능력을 믿을 수가 없어요.

그의 불합격을 믿을 수가 없어요.

Step 3
패턴이 들어간 실제 회화 따라 말해보기

💬 레스토랑 음식이 맛있다는 상대에게
음식의 가성비가 믿을 수 없다고 말할 때

타나카　この レストラン 本当(ほんとう)に おいしいですね!
　　　　이 레스토랑 정말 맛있네요!

스즈키　コスパが 信(しん)じられないです。また 来(き)たいですね。
　　　　가성비를 믿을 수가 없어요. 또 오고 싶네요.

타나카　次(つぎ)は 別(べつ)の メニューも 食(た)べましょう。
　　　　다음엔 다른 메뉴도 먹어요.

次[つぎ] 다음　別[べつ] 다름　メニュー 메뉴

일본어도 역시, **해커스일본어**
japan.Hackers.com

5장

계획을
말하는 패턴

해커스 일본어회화 10분의 기적
패턴으로 말하기

Day 30	**주말에 교토에 갈 계획이에요.**	앞으로의 계획을 말하는 予定です 패턴
Day 31	**반품을 하려고 해요.**	곧 하려는 일을 말하는 をしようとしています 패턴
Day 32	**뭐를 볼 거예요?**	무엇을 할 계획인지 묻는 何を~ますか 패턴
Day 33	**같이 쇼핑하러 가요.**	같이 하자고 제안하는 一緒に~に行きましょう 패턴
Day 34	**점심은 어떻게 할 거예요?**	어떻게 할지 의견을 묻는 はどうしますか 패턴
Day 35	**술을 마실 생각은 없어요.**	계획이 없다고 말하는 つもりはありません 패턴
Day 36	**언제부터 예약을 할 수 있어요?**	시작하는 시기를 묻는 いつから~ますか 패턴
Day 37	**메일을 확인해 볼게요.**	확인해 보겠다고 말하는 を確認してみます 패턴
Day 38	**헤어질지 말지 고민 중이에요**	어떻게 결정할지 고민하는 かどうか悩んでいます 패턴
Day 39	**누가 계산해요?**	누가 할 일인지 묻는 誰が~ますか 패턴

Day 30

앞으로의 계획을 말하는 つもりです 패턴

주말에 교토에 갈 계획이에요.

週末、(주말에) + 京都に(교토에) + 行く(갈) + 予定です(계획이에요)

週末 [しゅうまつ] 주말   京都 [きょうと] 교토   行く [いく] 1 가다

앞으로의 계획을 말할 때 사용하는 패턴이에요. 특히 정해진 계획을 말할 때 사용해요. **~予定です**(~할 계획이에요) 앞에 교토에 가기, 스노보드 배우기처럼 계획하고 있는 일을 넣어 말해보세요.

Step 1
패턴이 사용된 문장 따라 말해보기

今日は 図書館に 行く 予定です。
오늘은 도서관에 갈 계획이에요.

海外で 就職する 予定です。
해외에서 취직할 계획이에요.

冬に スノーボードを 習う 予定です。
겨울에 스노보드를 배울 계획이에요.

記念日に サプライズを する 予定です。
기념일에 서프라이즈를 할 계획이에요.

新しい ソファーを 買う 予定です。
새 소파를 살 계획이에요.

夕食は 出前を 取る 予定です。
저녁은 배달을 시킬 계획이에요.

図書館 [としょかん] 도서관   海外 [かいがい] 해외   就職 [しゅうしょく] 취직   習う [ならう] 1 배우다   記念日 [きねんび] 기념일
サプライズ 서프라이즈   ソファー 소파   夕食 [ゆうしょく] 저녁   出前を取る [でまえをとる] 1 배달을 시키다

Step 2
이번에는 우리말만 보고 패턴 사용해 문장 말해보기

주말에 교토에 갈 계획이에요. 週末、京都に 行く 予定です。

오늘은 도서관에 갈 계획이에요.

해외에서 취직할 계획이에요.

겨울에 스노보드를 배울 계획이에요.

기념일에 서프라이즈를 할 계획이에요.

새 소파를 살 계획이에요.

저녁은 배달을 시킬 계획이에요.

Step 3
패턴이 들어간 실제 회화 따라 말해보기

졸업 후 어떻게 할지 묻는 상대에게
앞으로의 계획을 말할 때

타나카　鈴木さんは 卒業後 どうしますか?
　　　　스즈키 씨는 졸업 후 어떻게 할 거예요?

스즈키　海外で 就職する 予定です。
　　　　해외에서 취직할 계획이에요.

타나카　応援しますね。
　　　　응원할게요.

応援 [おうえん] 응원

Day 31

곧 하려는 일을 말하는 をしようとしています 패턴

반품을 하려고 해요.

返品(へんぴん) + を しようと しています
반품 　　　　　 을 하려고 해요

返品 [へんぴん] 반품

곧 하려는 일을 말할 때 사용하는 패턴이에요. 어떤 일을 하려는 의지를 나타낼 때도 사용할 수 있어요. ~をしようとしています (~을 하려고 해요) 앞에 반품, 세차처럼 이제 곧 하려고 하는 일을 넣어 말해보세요.

Step 1
패턴이 사용된 문장 따라 말해보기

洗車(せんしゃ)を しようと しています。
세차를　　　하려고　　　해요.

彼(かれ)に 告白(こくはく)を しようと しています。
그에게　　고백을　　　하려고　　　해요.

衣替(ころもが)えを しようと しています。
옷장 정리를　　하려고　　　해요.

毎月(まいつき)10万円(まんえん)は 貯金(ちょきん)を しようと しています。
매월 10만 엔은　　저금을　　　하려고　　　해요.

友達(ともだち)と 花火(はなび)を しようと しています。
친구랑　불꽃놀이를　　하려고　　　해요.

来年(らいねん)に 結婚(けっこん)を しようと しています。
내년에　결혼을　　　하려고　　　해요.

洗車 [せんしゃ] 세차　告白 [こくはく] 고백　衣替え [ころもがえ] 옷장 정리　毎月 [まいつき] 매월　貯金 [ちょきん] 저금
花火 [はなび] 불꽃놀이　来年 [らいねん] 내년　結婚 [けっこん] 결혼

Step 2
이번에는 우리말만 보고 패턴 사용해 문장 말해보기

반품을 하려고 해요.　　　　　返品を しようと しています。

세차를 하려고 해요.

그에게 고백을 하려고 해요.

옷장 정리를 하려고 해요.

매월 10만 엔은 저금을 하려고 해요.

친구랑 불꽃놀이를 하려고 해요.

내년에 결혼을 하려고 해요.

Step 3
패턴이 들어간 실제 회화 따라 말해보기

비 때문에 차가 더럽다는 상대에게
곧 세차하려고 한다고 말할 때

타나카　　最近 ずっと 雨ですね。
　　　　　요새 계속 비가 오네요.

스즈키　　そうですね。雨で 車が 汚いです。
　　　　　그러게요. 비때문에 차가 더러워요.

타나카　　私の 車もです。週末は 洗車を しようと しています。
　　　　　제 차도요. 주말에는 세차를 하려고 해요.

汚い [きたない] 더럽다

Day 32

무엇을 할 계획인지 묻는 何を〜ますか 패턴

뭐를 볼 거예요?

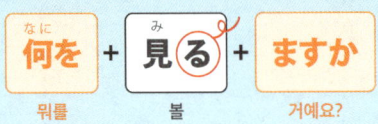

見る [みる] 2 보다

상대방에게 무엇을 할 계획을 물을 때 사용하는 패턴이에요. 〜ますか(~할 거예요?) 앞에 뭐를 볼지, 뭐를 먹을지처럼 상대에게 묻고 싶은 일을 넣어 말해보세요. 이때, ますか 앞의 동사는 동사 뒤에 ます를 붙일 때와 똑같은 방식으로 바꿔서 사용해요!
*ます 붙이는 방법은 p.13~15에서 확인할 수 있어요!

 Step 1
패턴이 사용된 문장 따라 말해보기

何(なに)を 準備(じゅんび)しますか。
뭐를   준비할 거예요?

何(なに)を 着(き)ますか。
뭐를   입을 거예요?

何(なに)を 作(つく)りますか。
뭐를   만들 거예요?

お土産(みやげ)は 何(なに)を 買(か)いますか。
기념품은   뭐를   살 거예요?

夕食(ゆうしょく)に 何(なに)を 食(た)べますか。
저녁에   뭐를   먹을 거예요?

この 中(なか)で 何(なに)を 選(えら)びますか。
이   중에서   뭐를   고를 거예요?

準備 [じゅんび] 준비   着る [きる] 2 입다   作る [つくる] 1 만들다   お土産 [おみやげ] 기념품   買う [かう] 1 사다
夕食 [ゆうしょく] 저녁   食べる [たべる] 2 먹다   中 [なか] 중   選ぶ [えらぶ] 1 고르다

Step 2
이번에는 우리말만 보고 패턴 사용해 문장 말해보기

뭐를 볼 거예요?   何を 見ますか。

뭐를 준비할 거예요?

뭐를 입을 거예요?

뭐를 만들 거예요?

기념품은 뭐를 살 거예요?

저녁에 뭐를 먹을 거예요?

이 중에서 뭐를 고를 거예요?

Step 3
패턴이 들어간 실제 회화 따라 말해보기

💬 저녁 식사를 함께 할 상대에게
무엇을 먹을 계획일지 물을 때

타나카　　夕食に 何を 食べますか。
　　　　　저녁으로 뭐를 먹을 거예요?

스즈키　　イタリアンは どうですか。
　　　　　이탈리아 음식은 어때요?

타나카　　いいですね。そうしましょう。
　　　　　좋네요. 그렇게 해요.

イタリアン 이탈리아 음식

Day 33

같이 하자고 제안하는 一緒に～に行きましょう 패턴

같이 쇼핑하러 가요.

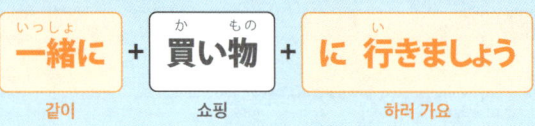

買い物 [かいもの] 쇼핑

누군가에게 같이 하자고 제안할 때 사용하는 패턴이에요. ～に行きましょう(~하러 가요) 앞에 쇼핑, 산책처럼 같이 하고 싶은 일을 넣어 말해보세요. 이때, にいきましょう 앞에는 동작을 나타내는 명사 단어를 사용해요!

 Step 1
패턴이 사용된 문장 따라 말해보기

一緒に 散歩に 行きましょう。
같이 산책하러 가요.

一緒に 釣りに 行きましょう。
같이 낚시하러 가요.

一緒に 食事に 行きましょう。
같이 식사하러 가요.

一緒に 山登りに 行きましょう。
같이 등산하러 가요.

一緒に キャンプに 行きましょう。
같이 캠핑하러 가요.

一緒に ドライブに 行きましょう。
같이 드라이브하러 가요.

散歩 [さんぽ] 산책　釣り [つり] 낚시　食事 [しょくじ] 식사　山登り [やまのぼり] 등산　キャンプ 캠핑　ドライブ 드라이브

Step 2
이번에는 우리말만 보고 패턴 사용해 문장 말해보기

같이 쇼핑하러 가요.　　　一緒に 買い物に 行きましょう。

같이 산책하러 가요.

같이 낚시하러 가요.

같이 식사하러 가요.

같이 등산하러 가요.

같이 캠핑하러 가요.

같이 드라이브하러 가요.

Step 3
패턴이 들어간 실제 회화 따라 말해보기

쉬는 날에 한가하다는 상대에게
같이 쇼핑하러 가자고 말할 때

타나카　鈴木さん、今度の 週末は 何を しますか？
스즈키 씨, 이번 주말에는 뭐 해요?

스즈키　特に 何も していないです。暇ですよ。
특별히 아무것도 안 해요. 한가해요.

타나카　それなら、一緒に 買い物に 行きましょう。
그렇다면, 같이 쇼핑하러 가요.

今度 [こんど] 이번　暇だ [ひまだ] 한가하다

Day 34
어떻게 할지 의견을 묻는 はどうしますか 패턴

점심은 어떻게 할 거예요?

お昼ご飯 + は どうしますか
점심   은 어떻게 할 거예요?

お昼ご飯 [おひるごはん] 점심

앞으로 어떻게 할지 상대방에게 가볍게 의견을 물 때 사용하는 패턴이에요. **~はどうしますか**(~은 어떻게 할 거예요?) 앞에 점심, 결제처럼 가볍게 상대방의 의견을 구하고 싶은 일을 넣어 말해보세요.

Step 1
패턴이 사용된 문장 따라 말해보기

卒論は どうしますか。
졸업 논문은   어떻게 할 거예요?

サイズは どうしますか。
사이즈는   어떻게 할 거예요?

支払いは どうしますか。
결제는   어떻게 할 거예요?

前髪は どうしますか。
앞머리는   어떻게 할 거예요?

ごしゅうぎは どうしますか。
축의금은   어떻게 할 거예요?

あまった ケーキは どうしますか。
남은   케이크는   어떻게 할 거예요?

卒論 [そつろん] 졸업 논문   サイズ 사이즈   支払い [しはらい] 결제   前髪 [まえがみ] 앞머리   ごしゅうぎ 축의금
あまる 1 남다   ケーキ 케이크

Step 2
이번에는 우리말만 보고 패턴 사용해 문장 말해보기

점심은 어떻게 할 거예요?　　　お昼ご飯は どうしますか。

졸업 논문은 어떻게 할 거예요?

사이즈는 어떻게 할 거예요?

결제는 어떻게 할 거예요?

앞머리는 어떻게 할 거예요?

축의금은 어떻게 할 거예요?

남은 케이크는 어떻게 할 거예요?

Step 3
패턴이 들어간 실제 회화 따라 말해보기

케이크를 같이 먹은 상대에게
남은 케이크를 어떻게 할지 물을 때

타나카　あまった ケーキは どうしますか。
남은 케이크는 어떻게 할 거예요?

스즈키　明日の 朝に 食べましょう。
내일 아침에 먹어요.

타나카　じゃ、冷蔵庫に 入れますね。
그럼, 냉장고에 넣을게요.

Day 35

계획이 없다고 말하는 つもりはありません 패턴

술을 마실 생각은 없어요.

お酒[おさけ] 술 飲む[のむ] 1 마시다

어떤 일을 할 계획이 없다고 말할 때 사용하는 패턴이에요. ~つもりはありません(~할 생각은 없어요) 앞에 차량 구입, 이직처럼 아직 계획이 없는 일을 넣어 말해보세요.

 Step 1
패턴이 사용된 문장 따라 말해보기

まだ マイカーを 買うつもりは ありません。
아직 내 차를 살 생각은 없어요.

彼に 謝るつもりは ありません。
그에게 사과할 생각은 없어요.

お金を 貸すつもりは ありません。
돈을 빌려줄 생각은 없어요.

まだ 転職するつもりは ありません。
아직 이직할 생각은 없어요.

結婚するつもりは ありません。
결혼할 생각은 없어요.

元カレに 会うつもりは ありません。
전남친과 만날 생각은 없어요.

マイカー 내 차 謝る[あやまる] 1 사과하다 お金[おかね] 돈 貸す[かす] 1 빌려주다 まだ 아직 転職[てんしょく] 이직
結婚[けっこん] 결혼 元カレ[もとカレ] 전남친 会う[あう] 1 만나다

Step 2
이번에는 우리말만 보고 패턴 사용해 문장 말해보기

술을 마실 생각은 없어요.　　お酒を 飲むつもりは ありません。

아직 내 차를 살 생각은 없어요.

그에게 사과할 생각은 없어요.

돈을 빌려줄 생각은 없어요.

아직 이직할 생각은 없어요.

결혼할 생각은 없어요.

전남친과 만날 생각은 없어요.

Step 3
패턴이 들어간 실제 회화 따라 말해보기

💬 결혼할 예정이 있는지 묻는 상대에게
현재 결혼할 계획은 없다고 말할 때

타나카　**結婚の 予定は ありますか?**
　　　　결혼 예정은 있어요?

스즈키　**今は 結婚するつもりは ありません。仕事に 集中したいです。**
　　　　지금은 결혼할 생각은 없어요. 일에 집중하고 싶어요.

타나카　**私も そうです。**
　　　　저도 그래요.

予定 [よてい] 예정　仕事 [しごと] 일　集中 [しゅうちゅう] 집중

Day 36

시작하는 시기를 묻는 いつから~ますか 패턴

언제부터 예약을 할 수 있어요?

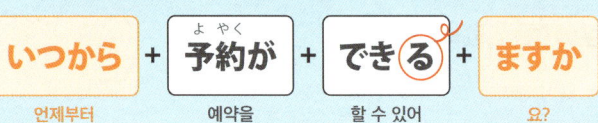

いつから	+	予約が	+	できる	+	ますか
언제부터		예약을		할 수 있어		요?

予約 [よやく] 예약 できる 2 할 수 있다

어떤 일을 시작하는 시기를 물을 때 사용하는 패턴이에요. ~ますか(~해요?) 앞에 예약, 이벤트처럼 언제 시작하는지 궁금한 일정을 넣어 말해보세요. 이때, ますか 앞의 동사는 동사 뒤에 ます를 붙일 때와 똑같은 방식으로 바꿔서 사용해요!
*ます 붙이는 방법은 p.13~15에서 확인할 수 있어요!

 Step 1
패턴이 사용된 문장 따라 말해보기

いつから 休みますか。
언제부터   쉬어요?

いつから 新しい プロジェクトが 始まりますか。
언제부터   새로운   프로젝트가   시작돼요?

いつから ジムに 通いますか。
언제부터   헬스장에   가요?

いつから 旅行に 行きますか。
언제부터   여행을   가요?

いつから イベントが 開かれますか。
언제부터   이벤트가   열려요?

いつから コンビニで おでんが 買えますか。
언제부터   편의점에서   오뎅을   살 수 있어요?

> 일본 편의점에서 오뎅은 겨울에만 판매하는 기간한정 메뉴예요!

休む [やすむ] 1 쉬다   プロジェクト 프로젝트   始まる [はじまる] 1 시작되다   ジム 헬스장   通う [かよう] 1 가다, 다니다
開かれる [ひらかれる] 2 열리다   コンビニ 편의점   おでん 오뎅   買える [かえる] 2 살 수 있다

Step 2
이번에는 우리말만 보고 패턴 사용해 문장 말해보기

언제부터 예약을 할 수 있어요?   いつから 予約が できますか。

언제부터 쉬어요?

언제부터 새로운 프로젝트가 시작돼요?

언제부터 헬스장에 가요?

언제부터 여행을 가요?

언제부터 이벤트가 열려요?

언제부터 편의점에서 오뎅을 살 수 있어요?

Step 3
패턴이 들어간 실제 회화 따라 말해보기

곧 새로운 프로젝트를 시작하는 상대에게
시작하는 시기를 물을 때

타나카　鈴木さん、いつから 新しい プロジェクトが 始まりますか。
스즈키 씨, 언제부터 새로운 프로젝트가 시작돼요?

스즈키　来月からです。とても 楽しみです。
다음 달부터예요. 정말 기대돼요.

타나카　頑張って ください。
힘내세요.

楽しみだ [たのしみだ] 기대되다

Day 37

확인해 보겠다고 말하는 を確認してみます 패턴

메일을 확인해 볼게요.

メール + を 確認して みます
메일   을 확인해 볼게요

무언가를 확인해 보겠다고 말할 때 사용하는 패턴이에요. ~を確認してみます(~을 확인해 볼게요) 앞에 메일, 일기예보처럼 확인하고자 하는 일을 넣어 말해보세요.

Step 1
패턴이 사용된 문장 따라 말해보기

値段を 確認して みます。
가격을   확인해   볼게요.

彼の 連絡先を 確認して みます。
그의 연락처를   확인해   볼게요.

天気予報を 確認して みます。
일기예보를   확인해   볼게요.

着信履歴を 確認して みます。
통화 기록을 확인해   볼게요.

新幹線の 時間を 確認して みます。
신칸센   시간을 확인해   볼게요.

住所を もう一度 確認して みます。
주소를 한 번 더 확인해   볼게요.

値段 [ねだん] 가격 連絡先 [れんらくさき] 연락처 天気予報 [てんきよほう] 일기예보 着信履歴 [ちゃくしんりれき] 통화 기록
新幹線 [しんかんせん] 신칸센 住所 [じゅうしょ] 주소 もう一度 [もういちど] 한 번 더

Step 2
이번에는 우리말만 보고 패턴 사용해 문장 말해보기

메일을 확인해 볼게요.　　メールを 確認して みます。

가격을 확인해 볼게요.

그의 연락처를 확인해 볼게요.

일기예보를 확인해 볼게요.

통화 기록을 확인해 볼게요.

신칸센 시간을 확인해 볼게요.

주소를 한 번 더 확인해 볼게요.

Step 3
패턴이 들어간 실제 회화 따라 말해보기

신칸센이 몇 시 출발인지 묻는 상대에게
시간을 확인해 보겠다고 말할 때

타나카　明日の 新幹線、何時でしたか？
내일 신칸센, 몇 시였지요?

스즈키　新幹線の 時間を 確認して みます。あ、午後 2 時です。
신칸센 시간을 확인해 볼게요. 아, 오후 2시예요.

타나카　ありがとうございます。
고마워요.

午後 [ごご] 오후

Day 38

어떻게 결정할지 고민하는 **かどうか悩んでいます** 패턴

헤어질지 말지 고민 중이에요.

別(わか)れる (헤어질) + **かどうか 悩(なや)んでいます** (지 말지 고민 중이에요)

別れる [わかれる] 2 헤어지다

어떤 결정을 내릴지 고민하고 있을 때 사용하는 패턴이에요. ~かどうか悩んでいます(~할지 말지 고민 중이에요) 앞에 이별, 옷 구입처럼 어떻게 할지 고민하고 있는 행동이나 선택을 넣어 말해 보세요.

 Step 1
패턴이 사용된 문장 따라 말해보기

彼(かれ)を 呼(よ)ぶかどうか 悩(なや)んでいます。
그를   초대할지 말지   고민 중이에요.

夜食(やしょく)を 食(た)べるかどうか 悩(なや)んでいます。
야식을   먹을지 말지   고민 중이에요.

この 服(ふく)を 買(か)うかどうか 悩(なや)んでいます。
이   옷을   살지 말지   고민 중이에요.

コンビニに よるかどうか 悩(なや)んでいます。
편의점에   들를지 말지   고민 중이에요.

タクシーに 乗(の)るかどうか 悩(なや)んでいます。
택시를   탈지 말지   고민 중이에요.

お出(で)かけするかどうか 悩(なや)んでいます。
외출할지 말지   고민 중이에요.

呼ぶ [よぶ] 1 초대하다, 부르다   夜食 [やしょく] 야식   食べる [たべる] 2 먹다   服 [ふく] 옷   よる 1 들르다   タクシー 택시
乗る [のる] 1 타다   お出かけ [おでかけ] 외출

Step 2
이번에는 우리말만 보고 패턴 사용해 문장 말해보기

헤어질지 말지 고민 중이에요. 別れるかどうか 悩んでいます。

그를 초대할지 말지 고민 중이에요.

야식을 먹을지 말지 고민 중이에요.

이 옷을 살지 말지 고민 중이에요.

편의점에 들를지 말지 고민 중이에요.

택시를 탈지 말지 고민 중이에요.

외출할지 말지 고민 중이에요.

Step 3
패턴이 들어간 실제 회화 따라 말해보기

고민이 있는지 묻는 상대에게
여자친구와의 미래에 대한 결정을 고민하고 있다고 말할 때

타나카　**何か 悩みでも ありますか。**
　　　　뭔가 고민이라도 있어요?

스즈키　**あ、実は、彼女と 別れるかどうか 悩んでいます。**
　　　　아, 실은, 여자친구랑 헤어질지 말지 고민 중이에요.

타나카　**そうですか。それは 難しいですね。**
　　　　그래요? 그건 어렵네요.

悩み [なやみ] 고민　難しい [むずかしい] 어렵다

Day 39

누가 할 일인지 묻는 誰が~ますか 패턴

누가 계산해요?

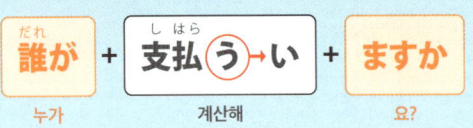

支払う [しはらう] 1 계산하다

누가 어떤 일이나 행동을 할 건지 물어볼 때 사용하는 패턴이에요. ~ますか(~해요?) 앞에 계산, 청소처럼 누가 해야 하는지 물어보고 싶은 일을 넣어 질문해 보세요. 이때, ますか 앞의 동사는 동사 뒤에 ます를 붙일 때와 똑같은 방식으로 바꿔서 사용해요!
*ます 붙이는 방법은 p.13~15에서 확인할 수 있어요!

 Step 1
패턴이 사용된 문장 따라 말해보기

誰が 掃除しますか。
누가   청소해요?

誰が ゴミを 出しますか。
누가 쓰레기를   내놓아요?

誰が 荷物を 運びますか。
누가   짐을   옮겨요?

誰が ホテルを 予約しますか。
누가   호텔을   예약해요?

誰が 犬の 散歩を しますか。
누가   개   산책을   해요?

誰が 花見の 場所を 取りますか。
누가 꽃구경 자리를   잡아요?

> 일본의 꽃구경은 돗자리를 깔고 도시락을 먹으며 구경을 하기 때문에 일찍 자리잡는게 중요해요!

掃除 [そうじ] 청소   ゴミ 쓰레기   出す [だす] 1 내놓다   荷物 [にもつ] 짐   運ぶ [はこぶ] 1 옮기다   ホテル 호텔
예약 [よやく] 예약   犬 [いぬ] 개   花見 [はなみ] 꽃구경   場所 [ばしょ] 자리   取る [とる] 1 잡다

Step 2
이번에는 우리말만 보고 패턴 사용해 문장 말해보기

누가 계산해요? → 誰が 支払いますか。

누가 청소해요?

누가 쓰레기를 내놓아요?

누가 짐을 옮겨요?

누가 호텔을 예약해요?

누가 개 산책을 해요?

누가 꽃구경 자리를 잡아요?

Step 3
패턴이 들어간 실제 회화 따라 말해보기

🗨 꽃구경 가자고 하는 상대에게
자리 잡는 건 누가 할 건지 물을 때

타나카 　最近 さくらが すごく きれいですね。花見 行きませんか。
　　　　요새 벚꽃이 정말 예뻐요. 꽃구경 갈래요?

스즈키 　いいですね。でも、誰が 花見の 場所を 取りますか。
　　　　좋아요. 그런데, 누가 꽃구경 자리를 잡아요?

타나카 　私が します。いい ところを 知っています。
　　　　제가 할게요. 좋은 곳을 알고 있어요.

知る [しる] 1 알다

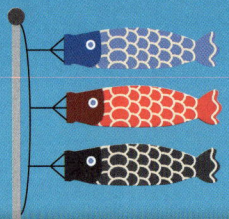

일본어도 역시, **해커스일본어**
japan.Hackers.com

6장

경험과 추억을
나누는 패턴

해커스 일본어회화 10분의 기적
패턴으로 말하기

Day 40 도쿄타워를 보고 왔어요.
하고 온 일을 말하는 てきました 패턴

Day 41 스노클링을 해 본 적 있어요?
무언가를 해 본 적 있는지 묻는 たことがありますか 패턴

Day 42 대학 생활은 어때요?
의견을 묻는 はどうですか 패턴

Day 43 한 번도 혼자 여행해 본 적이 없어요.
경험해 본 적 없다고 말하는 一度も~たことがありません 패턴

Day 44 마지막으로 연애한 게 언제예요?
언제 마지막으로 했는지 묻는 最後に~たのはいつですか 패턴

Day 45 이미 유럽에 다녀왔어요.
이미 한 일을 말하는 もう~ました 패턴

Day 46 아직 연말정산을 안 했어요.
아직 하지 않았다고 말하는 まだ~をしていません 패턴

Day 47 비밀번호가 생각 안 나요.
무언가가 생각나지 않는다고 말하는 が思い出せません 패턴

Day 48 어머니가 사 준 거예요.
다른 사람이 나를 위해 해 준 것을 말하는 てくれたものです 패턴

Day 49 결말은 어떻게 됐어요?
어떻게 되었는지 묻는 はどうなりましたか 패턴

Day 40

하고 온 일을 말하는 てきました 패턴

도쿄타워를 보고 왔어요.

東京タワーを + 見る + て きました
도쿄타워를   보   고 왔어요

見る [みる] 2 보다

이전에 하고 온 일을 말할 때 사용하는 패턴이에요. ~てきました(~하고 왔어요) 앞에 도쿄타워 보기, 조깅처럼 하고 온 일을 넣어 말해보세요. 이때, てきました 앞의 동사는 동사 뒤에 て를 붙일 때와 똑같은 방식으로 바꿔서 사용해요!
*て 붙이는 방법은 p.13~15에서 확인할 수 있어요!

Step 1
패턴이 사용된 문장 따라 말해보기

図書館で 勉強して きました。
도서관에서 공부하고 왔어요.

ジョギングして きました。
조깅하고 왔어요.

新しい スーパーに 行って きました。
새로운 슈퍼에 갔다 왔어요.

> ~てきました 앞에 行く(가다)가 오면 '갔다 왔어요'라는 뜻이 돼요!

中間テストを 受けて きました。
중간고사를 보고 왔어요.

友だちを 駅まで 送って きました。
친구를 역에 바래다 주고 왔어요.

シーズン限定の フラペチーノを 飲んで きました。
시즌한정 프라푸치노를 마시고 왔어요.

勉強 [べんきょう] 공부 ジョギング 조깅 中間テスト [ちゅうかんテスト] 중간고사 受ける [うける] 2 (시험을) 보다, 받다
送る [おくる] 1 바래다 주다 シーズン 시즌 限定 [げんてい] 한정

Step 2
이번에는 우리말만 보고 패턴 사용해 문장 말해보기

도쿄타워를 보고 왔어요.   東京タワーを 見て きました。

도서관에서 공부하고 왔어요.

조깅하고 왔어요.

새로운 슈퍼에 갔다 왔어요.

중간고사를 보고 왔어요.

친구를 역에 바래다 주고 왔어요.

시즌한정 프라푸치노를 마시고 왔어요.

Step 3
패턴이 들어간 실제 회화 따라 말해보기

 어디에 갔다 왔는지 묻는 상대에게

오늘 다녀온 곳을 말할 때

타나카: 今日は どこに 行って きましたか。
오늘은 어디에 갔다 왔어요?

스즈키: 新しい スーパーに 行って きました。
새로운 슈퍼에 갔다 왔어요.

타나카: あ、そこ 私も 行って きました。全てが 安かったです。
아, 거기 저도 갔다 왔어요. 전부 저렴했어요.

全て [すべて] 전부   安い [やすい] 저렴하다

Day 41

무언가를 해 본 적 있는지 묻는 たことがありますか 패턴

스노클링을 해 본 적 있어요?

シュノーケリングを + する→し + たことが ありますか
스노클링을   해   본 적 있어요?

シュノーケリング 스노클링

어떤 일을 해 본 적 있는지 물어볼 때 사용하는 패턴이에요. 〜たことがありますか(~해 본 적 있어요?) 앞에 스노클링, 마라톤처럼 물어보고 싶은 일을 넣어 말해보세요. 이때, **たことがありますか** 앞의 동사는 동사 뒤에 た를 붙일 때와 똑같은 방식으로 바꿔서 사용해요.
*た 붙이는 방법은 p.13~15에서 확인할 수 있어요!

Step 1
패턴이 사용된 문장 따라 말해보기

やこう　　　の
夜行バスに 乗ったことが ありますか。
심야버스를   타 본 적   있어요?

　　　　さんか
マラソンに 参加したことが ありますか。
마라톤에   참가해 본 적   있어요?

しょく
食あたり したことが ありますか。
식중독   걸려 본 적   있어요?

ひとめ　こい　お
一目で 恋に 落ちたことが ありますか。
한 눈에 사랑에 빠져 본 적   있어요?

> 일본에서는 '한 번 보자마자 사랑에 빠진다'고 해서 '한눈에 사랑에 빠진다'고 표현해요!

　　　　　　　　う
フリマアプリで 売ったことが ありますか。
중고거래 앱에서   팔아 본 적   있어요?

ひとり　やきにくや　い
一人で 焼肉屋に 行ったことが ありますか。
혼자서   고깃집에   가 본 적   있어요?

夜行バス [やこうバス] 심야 버스　マラソン 마라톤　参加 [さんか] 참가　食あたり [しょくあたり] 식중독　一目 [ひとめ] 한눈
恋に落ちる [こいにおちる] 2 사랑에 빠지다　フリマアプリ 중고거래 앱　焼肉屋 [やきにくや] 고깃집

Step 2
이번에는 우리말만 보고 패턴 사용해 문장 말해보기

스노클링을 해 본 적 있어요?   シュノーケリングを したことが ありますか。

심야버스를 타 본 적 있어요?

마라톤에 참가해 본 적 있어요?

식중독 걸려 본 적 있어요?

한눈에 사랑에 빠져 본 적 있어요?

중고거래 앱에서 팔아 본 적 있어요?

혼자서 고깃집에 가 본 적 있어요?

Step 3
패턴이 들어간 실제 회화 따라 말해보기

💬 중고거래 앱으로 사용해 본 상대에게
물건을 팔아 본 적 있는지 물을 때

타나카   フリマアプリで 売ったことが ありますか。
중고거래 앱에서 팔아 본 적 있어요?

스즈키   あります！意外と 簡単でした。
있어요! 의외로 쉬웠어요.

타나카   私も やって みます。
저도 해 볼게요.

意外と [いがいと] 의외로   簡単だ [かんたんだ] 쉽다, 간단하다   やる 1 하다

Day 42

의견을 묻는 はどうですか 패턴

대학 생활은 어때요?

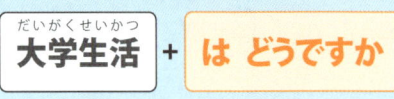

大学生活 + は どうですか
대학 생활   은 어때요?

大学 [だいがく] 대학   生活 [せいかつ] 생활

상대방의 의견이나 생각을 물을 때 사용하는 패턴이에요. 어떤 상태인지를 물을 때도 사용해요. ～はどうですか(~은 어때요?) 앞에 대학 생활, 새 직장처럼 의견을 묻고 싶은 일이나 대상을 넣어 말해 보세요.

 Step 1
패턴이 사용된 문장 따라 말해보기

味は どうですか。
맛은   어때요?

新しい 職場は どうですか。
새   직장은   어때요?

反応は どうですか。
반응은   어때요?

この くつは どうですか。
이   신발은   어때요?

感想は どうですか。
감상은   어때요?

風邪は どうですか。
감기는   어때요?

味 [あじ] 맛 新しい [あたらしい] 새롭다 職場 [しょくば] 직장 反応 [はんのう] 반응 くつ 신발
感想 [かんそう] 감상 風邪 [かぜ] 감기

Step 2
이번에는 우리말만 보고 패턴 사용해 문장 말해보기

대학 생활은 어때요?　　大学生活は どうですか。

맛은 어때요?

새 직장은 어때요?

반응은 어때요?

이 신발은 어때요?

감상은 어때요?

감기는 어때요?

Step 3
패턴이 들어간 실제 회화 따라 말해보기

자신이 만든 요리를 먹은 상대에게
맛이 어떤지 의견을 물을 때

타나카　これ 私が 作りました。味は どうですか。
이거 제가 만들었어요. 맛은 어때요?

스즈키　とても おいしいです!
정말 맛있어요!

타나카　よかったですね。
다행이네요.

Day 43

경험해 본 적 없다고 말하는 一度も~たことがありません 패턴

한 번도 혼자 여행해 본 적이 없어요.

一人旅する [ひとりたびする] 3 혼자 여행하다

어떤 일을 한 번도 경험해 본 적 없다고 말할 때 사용하는 패턴이에요. **~たことがありません**(~해 본 적이 없어요) 앞에 혼자 여행, 운전처럼 안 해본 일을 넣어 말해보세요. 이때, **たことがありません** 앞의 동사는 동사 뒤에 た를 붙일 때와 똑같은 방식으로 바꿔서 사용해요!

*た 붙이는 방법은 p.13~15에서 확인할 수 있어요!

 Step 1
패턴이 사용된 문장 따라 말해보기

一度も 運転したことが ありません。
한 번도　운전해 본 적이　　　없어요.

一度も 遅刻したことが ありません。
한 번도　지각해 본 적이　　　없어요.

一度も 朝ごはんを 抜いたことが ありません。
한 번도　아침 식사를　걸러 본 적이　없어요.

一度も 有名人に 会ったことが ありません。
한 번도　유명인을　만나 본 적이　없어요.

一度も まんがきっさに 行ったことが ありません。
한 번도　만화 카페에　가 본 적이　없어요.

一度も サークルに 入ったことが ありません。
한 번도　동아리에　들어가 본 적이　없어요.

運転 [うんてん] 운전　遅刻 [ちこく] 지각　朝ごはん [あさごはん] 아침식사　抜く [ぬく] 1 거르다
有名人 [ゆうめいじん] 유명인　会う [あう] 1 만나다　まんがきっさ 만화 카페　サークル 동아리　入る [はいる] 1 들어가다

Step 2
이번에는 우리말만 보고 패턴 사용해 문장 말해보기

한 번도 혼자 여행해 본 적이 없어요.　　一度も 一人旅したことが ありません。

한 번도 운전해 본 적이 없어요.

한 번도 지각해 본 적이 없어요.

한 번도 아침 식사를 걸러 본 적이 없어요.

한 번도 유명인을 만나 본 적이 없어요.

한 번도 만화 카페에 가 본 적이 없어요.

한 번도 동아리에 들어가 본 적이 없어요.

Step 3
패턴이 들어간 실제 회화 따라 말해보기

만화 카페에 가자고 권하는 상대에게
아직 만화 카페를 경험해 본 적 없다고 말할 때

타나카　今日 まんがきっさ 行きませんか。
오늘 만화 카페 안 갈래요?

스즈키　実は、一度も まんがきっさに 行ったことが ありません。
사실, 한 번도 만화 카페에 가 본 적이 없어요.

타나카　本当に 楽しいですよ！
정말 재밌어요!

Day 44

언제 마지막으로 했는지 묻는 最後に~たのはいつですか 패턴

마지막으로 연애한 게 언제예요?

最後に(さいご) + **つきあう→っ** + **たのは いつですか**
마지막으로   연애한   게 언제예요?

つきあう 1 연애하다

어떤 일을 언제 마지막으로 했는지 물을 때 사용하는 패턴이에요. ~たのはいつですか(~한 게 언제예요?) 앞에 연애, 연락처럼 언제 마지막으로 했는지 궁금한 일을 넣어 말해 보세요. 이때, たのはいつですか 앞의 동사는 동사 뒤에 た를 붙일 때와 똑같은 방식으로 바꿔서 사용해요!

*た 붙이는 방법은 p.13~15에서 확인할 수 있어요!

 Step 1
패턴이 사용된 문장 따라 말해보기

最後に(さいご) 映画(えいが)を 見(み)たのは いつですか。
마지막으로   영화를   본 게   언제예요?

最後に(さいご) 先生(せんせい)に 会(あ)ったのは いつですか。
마지막으로   선생님을   만난 게   언제예요?

最後に(さいご) 遊園地(ゆうえんち)に 行(い)ったのは いつですか。
마지막으로   놀이공원에   간 게   언제예요?

最後に(さいご) 髪(かみ)を そめたのは いつですか。
마지막으로   머리를   염색한 게   언제예요?

最後に(さいご) 連絡(れんらく)したのは いつですか。
마지막으로   연락한 게   언제예요?

最後に(さいご) 車検(しゃけん)を 受(う)けたのは いつですか。
마지막으로   자동차 검사를   받은 게   언제예요?

> 일본에서는 정기적으로 자동차 검사를 꼭 받도록 되어 있는데, 이를 車検이라고 해요!

映画 [えいが] 영화   先生 [せんせい] 선생님   遊園地 [ゆうえんち] 놀이공원   髪 [かみ] 머리   そめる 2 염색하다
連絡 [れんらく] 연락   車検 [しゃけん] 자동차 검사   受ける [うける] 2 받다

Step 2
이번에는 우리말만 보고 패턴 사용해 문장 말해보기

마지막으로 연애한 게 언제예요? 最後に つきあったのは いつですか。

마지막으로 영화를 본 게 언제예요?

마지막으로 선생님을 만난 게 언제예요?

마지막으로 놀이공원에 간 게 언제예요?

마지막으로 머리를 염색한 게 언제예요?

마지막으로 연락한 게 언제예요?

마지막으로 자동차 검사를 받은 게 언제예요?

Step 3
패턴이 들어간 실제 회화 따라 말해보기

💬 대화하는 상대에게
언제 마지막으로 영화를 봤는지 물을 때

타나카　**最後に 映画を 見たのは いつですか。**
　　　　마지막으로 영화를 본 게 언제예요?

스즈키　**先週の 土曜日です。家で「ラブレター」を 見ました。**
　　　　지난주 토요일이에요. 집에서 '러브레터'를 봤어요.

타나카　**あの 映画 いいですよね。**
　　　　그 영화 좋지요.

先週 [せんしゅう] 지난주　土曜日 [どようび] 토요일

Day 45

이미 한 일을 말하는 もう~ました 패턴

이미 유럽에 다녀왔어요.

もう (이미) + ヨーロッパに (유럽에) + 行ってくる→き (다녀왔) + ました (어요)

行ってくる [いってくる] 3 다녀오다

어떤 행동을 이미 했다고 말할 때 사용하는 패턴이에요. **~ました**(~했어요) 앞에 유럽 여행, 저녁 준비처럼 이미 한 일을 넣어 말해보세요. 이때, **ました** 앞의 동사는 동사 뒤에 **ます**를 붙일 때와 똑같은 방식으로 바꿔서 사용해요!
*ます 붙이는 방법은 p.13~15에서 확인할 수 있어요!

Step 1
패턴이 사용된 문장 따라 말해보기

もう 提出しました。
이미 제출했어요.

もう 夕食を 準備しました。
이미 저녁을 준비했어요.

もう 彼に メールを 送りました。
이미 그에게 메일을 보냈어요.

もう サブスクを 更新しました。
이미 구독을 갱신했어요.

もう 薬を 飲みました。
이미 약을 먹었어요.
> 薬(약)은 동사 食べる(먹다)가 아닌 飲む(마시다)를 사용해요!

それは もう イッキ見しました。
그거는 이미 정주행 했어요.
> 드라마 등 어떤 작품을 처음부터 끝까지 한번에 보는 것 イッキ見라고 해요!

提出 [ていしゅつ] 제출   夕食 [ゆうしょく] 저녁   準備 [じゅんび] 준비   メール 메일   送る [おくる] 1 보내다
サブスク 구독   更新 [こうしん] 갱신   薬を飲む [くすりをのむ] 1 약을 먹다   イッキ見 [イッキみ] 정주행

Step 2
이번에는 우리말만 보고 패턴 사용해 문장 말해보기

이미 유럽에 다녀왔어요. → もう ヨーロッパに 行ってきました。

이미 제출했어요.

이미 저녁을 준비했어요.

이미 그에게 메일을 보냈어요.

이미 구독을 갱신했어요.

이미 약을 먹었어요.

그거는 이미 정주행 했어요.

Step 3
패턴이 들어간 실제 회화 따라 말해보기

리포트 마감이 언제인지 묻는 상대에게
대답해 주며 자신은 이미 제출했다고 말할 때

타나카　レポートの しめきりは いつですか。
　　　　리포트 마감은 언제예요?

스즈키　明日ですよ。私は もう 提出しました。
　　　　내일이에요. 저는 이미 제출했어요.

타나카　え、早いですね。
　　　　어, 빠르네요.

レポート 리포트　しめきり 마감　早い [はやい] 빠르다

Day 46

아직 하지 않았다고 말하는 まだ~をしていません 패턴

아직 연말정산을 안 했어요.

まだ + 年末ちょうせい + を していません
아직   연말정산   을 안 했어요

年末ちょうせい [ねんまつちょうせい] 연말정산

어떤 일을 아직 하지 않았다고 말할 때 사용하는 패턴이에요. ~をしていません(~를 안 했어요) 앞에 연말정산, 식사처럼 아직 하지 않은 일을 넣어 말해보세요.

Step 1
패턴이 사용된 문장 따라 말해보기

まだ 食事を していません。
아직   식사를   안 했어요.

まだ 公開を していません。
아직   개봉을   안 했어요.

まだ 支払いを していません。
아직   계산을   안 했어요.

まだ 話を していません。
아직   이야기를   안 했어요.

まだ 申し込みを していません。
아직   신청을   안 했어요.

まだ チャンネル登録を していません。
아직   채널 구독을   안 했어요.

食事 [しょくじ] 식사   公開 [こうかい] 개봉   支払い [しはらい] 계산   話 [はなし] 이야기   申し込み [もうしこみ] 신청
チャンネル 채널   登録 [とうろく] 구독

Step 2
이번에는 우리말만 보고 패턴 사용해 문장 말해보기

아직 연말정산을 안 했어요. → まだ 年末ちょうせいを していません。

아직 식사를 안 했어요.

아직 개봉을 안 했어요.

아직 계산을 안 했어요.

아직 이야기를 안 했어요.

아직 신청을 안 했어요.

아직 채널 구독을 안 했어요.

Step 3
패턴이 들어간 실제 회화 따라 말해보기

점심을 먹었는지 묻는 상대에게
아직 먹지 않았다고 말할 때

타나카　昼ごはん 食べましたか。
점심 먹었어요?

스즈키　いいえ、まだ 食事を していません。
아뇨, 아직 식사를 안 했어요.

타나카　じゃ、一緒に 食べましょう。
그럼, 같이 먹어요.

昼ごはん [ひるごはん] 점심

Day 47

무언가가 생각나지 않는다고 말하는 が思い出せません 패턴

비밀번호가 생각 안 나요.

パスワード + が 思い出せません
비밀번호   가 생각 안 나요

パスワード 비밀번호

무언가를 기억하려고 해도 생각나지 않는 상황을 표현할 때 사용하는 패턴이에요. ~が思い出せません(~가 생각 안 나요) 앞에 비밀번호, 이름처럼 생각나지 않는 대상을 넣어 말해 보세요.

 Step 1
패턴이 사용된 문장 따라 말해보기

名前が 思い出せません。
이름이   생각 안 나요.

昨日の 飲み会が 思い出せません。
어제   회식이   생각 안 나요.

彼の 顔が 思い出せません。
그의 얼굴이   생각 안 나요.

好きな 曲の 歌詞が 思い出せません。
좋아하는 노래의 가사가   생각 안 나요.

中間テストの 範囲が 思い出せません。
중간고사   범위가   생각 안 나요.

昔 見た 映画の タイトルが 思い出せません。
예전에 본 영화의 제목이   생각 안 나요.

名前 [なまえ] 이름 昨日 [きのう] 어제 飲み会 [のみかい] 회식 顔 [かお] 얼굴 曲 [きょく] 노래 歌詞 [かし] 가사
中間テスト [ちゅうかんテスト] 중간고사 範囲 [はんい] 범위 昔 [むかし] 예전 タイトル 제목

Step 2
이번에는 우리말만 보고 패턴 사용해 문장 말해보기

비밀번호가 생각 안 나요.   パスワードが 思い出せません

이름이 생각 안 나요.

어제 회식이 생각 안 나요.

그의 얼굴이 생각 안 나요.

좋아하는 노래의 가사가 생각 안 나요.

중간고사 범위가 생각 안 나요.

예전에 본 영화 제목이 생각 안 나요.

Step 3
패턴이 들어간 실제 회화 따라 말해보기

💬 어제 누구를 만났는지 묻는 상대에게
만났던 사람의 이름이 생각나지 않는다고 말할 때

타나카　昨日は 誰に 会いましたか。
　　　　어제는 누구를 만났어요?

스즈키　え、急に 名前が 思い出せません。
　　　　엇, 갑자기 이름이 생각 안 나요.

타나카　そんな 時 ありますよね。
　　　　그럴 때 있죠.

急に [きゅうに] 갑자기

Day 48
다른 사람이 나를 위해 해 준 것을 말하는 てくれたものです 패턴
어머니가 사 준 거예요.

お母さんが + 買う→っ + て くれた ものです
어머니가 　　사　　　 　　준 거예요

お母さん [おかあさん] 어머니　買う [かう] 1 사다

다른 사람이 내게 해 준 것에 대해 말할 때 사용하는 패턴이에요. ~てくれたものです(~해 준 거예요) 앞에 사 주거나 만들어 준 것처럼 다른 사람이 해 준 행동을 넣어 말해 보세요. 이때, てくれたものです 앞의 동사는 동사 뒤에 て를 붙일 때와 똑같은 방식으로 바꿔서 사용해요!
*て 붙이는 방법은 p.13~15에서 확인할 수 있어요!

Step 1
패턴이 사용된 문장 따라 말해보기

姉が 作って くれた ものです。
언니가　만들어　준　거예요.

先生が 教えて くれた ものです。
선생님이　가르쳐　준　거예요.

上司が 紹介して くれた ものです。
상사가　소개해　준　거예요.

夫が 予約して くれた ものです。
남편이　예약해　준　거예요.

彼女が 選んで くれた ものです。
여자친구가　골라　준　거예요.

友だちが 撮って くれた ものです。
친구가　찍어　준　거예요.

姉 [あね] 언니　教える [おしえる] 2 가르치다　上司 [じょうし] 상사　紹介 [しょうかい] 소개　夫 [おっと] 남편
予約 [よやく] 예약　彼女 [かのじょ] 여자친구　選ぶ [えらぶ] 1 고르다　撮る [とる] 1 찍다

Step 2
이번에는 우리말만 보고 패턴 사용해 문장 말해보기

| 어머니가 사 준 거예요. | 🎤 お母さんが 買って くれた ものです。 |

언니가 만들어 준 거예요.

선생님이 가르쳐 준 거예요.

상사가 소개해 준 거예요.

남편이 예약해 준 거예요.

여자친구가 골라 준 거예요.

친구가 찍어 준 거예요.

Step 3
패턴이 들어간 실제 회화 따라 말해보기

💬 사진이 멋있다며 칭찬하는 상대에게
사진 작가인 친구가 찍어 준 것이라고 말할 때

타나카   その 写真、すごく かっこいいですね。
그 사진, 진짜 멋있네요.

스즈키   カメラマンの 友だちが 撮って くれた ものです。
사진 작가인 친구가 찍어 준 거예요.

타나카   すごい！これが プロの 技術ですね！
대단하다! 이게 프로의 기술이군요!

カメラマン 사진 작가   技術 [ぎじゅつ] 기술

Day 49

어떻게 되었는지 묻는 はどうなりましたか 패턴

결말은 어떻게 됐어요?

結末(けつまつ) + は どう なりましたか
결말   은 어떻게 됐어요?

結末 [けつまつ] 결말

어떤 상황이나 사물이 어떻게 되었는지, 어떻게 변화했는지 물을 때 사용하는 패턴이에요. ~はどうなりましたか(~은 어떻게 됐어요?) 앞에 결말, 시험 결과처럼 어떻게 되었는지 궁금한 상황이나 사물을 넣어 말해보세요.

 Step 1
패턴이 사용된 문장 따라 말해보기

試験の 結果は どう なりましたか。
시험 결과는 어떻게 됐어요?

会議は どう なりましたか。
회의는 어떻게 됐어요?

面接は どう なりましたか。
면접은 어떻게 됐어요?

アンケートは どう なりましたか。
설문 조사는 어떻게 됐어요?

決勝戦は どう なりましたか。
결승전은 어떻게 됐어요?

自転車の 修理は どう なりましたか。
자전거 수리는 어떻게 됐어요?

試験 [しけん] 시험 　結果 [けっか] 결과 　会議 [かいぎ] 회의 　面接 [めんせつ] 면접 　アンケート 설문 조사
決勝戦 [けっしょうせん] 결승전 　自転車 [じてんしゃ] 자전거 　修理 [しゅうり] 수리

Step 2
이번에는 우리말만 보고 패턴 사용해 문장 말해보기

결말은 어떻게 됐어요?　　　結末は どう なりましたか。

시험 결과는 어떻게 됐어요?

회의는 어떻게 됐어요?

면접은 어떻게 됐어요?

설문 조사는 어떻게 됐어요?

결승전은 어떻게 됐어요?

자전거 수리는 어떻게 됐어요?

Step 3
패턴이 들어간 실제 회화 따라 말해보기

면접을 보고 온 상대에게
결과가 어떻게 되었는지 물을 때

타나카　　昨日の 面接は どう なりましたか。
　　　　　어제 면접은 어떻게 됐어요?

스즈키　　合格しました！
　　　　　합격했어요!

타나카　　おめでとうございます！
　　　　　축하해요!

合格 [ごうかく] 합격

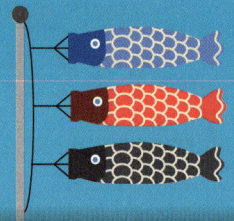

일본어도 역시, **해커스일본어**
japan.Hackers.com

7장

상태를 설명하는 패턴

해커스 일본어회화 10분의 기적
패턴으로 말하기

| Day 50 | **물품 보관함을 찾고 있어요.**
어떤 것을 찾고 있다고 말하는 を探しています 패턴 |

| Day 51 | **방 청소를 하고 있어요.**
진행 중인 일을 말하는 をしています 패턴 |

| Day 52 | **출판사에서 일하고 있어요.**
일하는 곳이나 하고 있는 일을 말하는 で働いています 패턴 |

| Day 53 | **파마를 하러 왔어요.**
어딘가에 온 목적을 말하는 に来ました 패턴 |

| Day 54 | **알바는 처음이에요.**
처음이라고 말하는 は初めてです 패턴 |

| Day 55 | **요즘 유행은 몰라요.**
모르는 내용을 말하는 はわかりません 패턴 |

| Day 56 | **더워서 쓰러질 정도예요.**
상황, 상태의 정도를 설명하는 ほどです 패턴 |

| Day 57 | **부장님에게 무슨 일 있었어요?**
어떤 대상에게 무슨 일이 있었는지 묻는 に何かありましたか 패턴 |

| Day 58 | **기념일을 잊어버렸어요.**
잊어버리거나 두고 온 것을 말하는 を忘れてしまいました 패턴 |

| Day 59 | **그 유튜버를 알아요?**
대상이나 정보를 알고 있는지 묻는 を知っていますか 패턴 |

Day 50

어떤 것을 찾고 있다고 말하는 を探しています 패턴

물품 보관함을 찾고 있어요.

コインロッカー	+	を 探して います
물품 보관함		을 찾고 있어요

コインロッカー 물품 보관함

무언가를 찾고 있다고 말할 때 사용하는 패턴이에요. ～を探しています(~을 찾고 있어요) 앞에 물품 보관함, 자동차 열쇠처럼 찾고 있는 것을 넣어 말해 보세요.

Step 1
패턴이 사용된 문장 따라 말해보기

車の キーを 探して います。
자동차 열쇠를 찾고 있어요.

アルバイトを 探して います。
아르바이트를 찾고 있어요.

プリクラを 探して います。
스티커 사진 기계를 찾고 있어요.

いい レストランを 探して います。
좋은 레스토랑을 찾고 있어요.

大事な 書類を 探して います。
중요한 서류를 찾고 있어요.

やちんが 安い 家を 探して います。
집세가 싼 집을 찾고 있어요.

キー 열쇠, 키   アルバイト 아르바이트   プリクラ 스티커 사진 기계, 스티커 사진   レストラン 레스토랑
大事だ [だいじだ] 중요하다   書類 [しょるい] 서류   やちん 집세   安い [やすい] 싸다

Step 2
이번에는 우리말만 보고 패턴 사용해 문장 말해보기

물품 보관함을 찾고 있어요. → コインロッカーを 探して います。

자동차 열쇠를 찾고 있어요.

아르바이트를 찾고 있어요.

스티커 사진 기계를 찾고 있어요.

좋은 레스토랑을 찾고 있어요.

중요한 서류를 찾고 있어요.

집세가 싼 집을 찾고 있어요.

Step 3
패턴이 들어간 실제 회화 따라 말해보기

바빠 보인다고 말하는 상대에게
중요한 서류를 찾고 있다고 말할 때

타나카 　忙(いそが)しそうですね。
　　　　바빠 보이네요.

스즈키 　ええ、大事(だいじ)な 書類(しょるい)を 探(さが)して います。
　　　　네, 중요한 서류를 찾고 있어요.

타나카 　手伝(てつだ)いましょうか。
　　　　도와드릴까요?

忙しい [いそがしい] 바쁘다　手伝う [てつだう] 1 돕다

Day 51

진행 중인 일을 말하는 をしています 패턴

방 청소를 하고 있어요.

 MP3바로 듣기

部屋の (방) + 掃除 (청소) + を して います (를 하고 있어요)

部屋 [へや] 방   掃除 [そうじ] 청소

현재 진행 중인 일이나 현재의 상태를 말할 때 사용하는 패턴이에요. ~をしています(~를 하고 있어요) 앞에 방 청소, 구직 활동 처럼 현재 하고 있는 행동을 넣어 말해 보세요.

Step 1
패턴이 사용된 문장 따라 말해보기

就活を して います。
구직 활동을   하고   있어요.

パン作りを して います。
제빵을   하고   있어요.

日本語の 勉強会を して います。
일본어   스터디를   하고   있어요.

新曲の かんしょうを して います。
신곡   감상을   하고   있어요.

推し活を して います。
덕질을   하고   있어요.

ゲーム実況を して います。
게임 방송을   하고   있어요.

就活 [しゅうかつ] 구직 활동   パン作り [パンづくり] 제빵   日本語 [にほんご] 일본어   勉強会 [べんきょうかい] 스터디
新曲 [しんきょく] 신곡   かんしょう 감상   推し活 [おしかつ] 덕질   ゲーム実況 [ゲームじっきょう] 게임 방송

Step 2
이번에는 우리말만 보고 패턴 사용해 문장 말해보기

방 청소를 하고 있어요. 　部屋の 掃除を して います。

구직 활동을 하고 있어요.

제빵을 하고 있어요.

일본어 스터디를 하고 있어요.

신곡 감상을 하고 있어요.

덕질을 하고 있어요.

게임 방송을 하고 있어요.

Step 3
패턴이 들어간 실제 회화 따라 말해보기

최근에 새로운 일을 하고 있는지 묻는 상대에게
현재 하고 있는 일을 말할 때

타나카　　最近 何か 新しい ことを して いますか?
　　　　　최근에 뭔가 새로운 일을 하고 있어요?

스즈키　　はい、ゲーム実況を して います。
　　　　　네, 게임 방송을 하고 있어요.

타나카　　へえ、私も 登録したいです。
　　　　　와, 저도 구독하고 싶어요.

登録 [とうろく] (유튜브) 구독, 등록

Day 52

일하는 곳이나 하고 있는 일을 말하는 で 働いて います 패턴

出版社에서 일하고 있어요.

出版社 + で 働いて います
출판사   에서 일하고 있어요

出版社 [しゅっぱんしゃ] 출판사

자신이 일하는 곳이나 업계, 하고 있는 일을 말할 때 사용하는 패턴이에요. ~で 働いて います(~에서 일하고 있어요) 앞에 출판사, 은행처럼 자신이 일하는 장소나 회사 이름을 넣어 말해 보세요.

Step 1
패턴이 사용된 문장 따라 말해보기

銀行で 働いて います。
은행에서 일하고 있어요.

IT 業界で 働いて います。
IT 업계에서 일하고 있어요.

人事部で 働いて います。
인사팀에서 일하고 있어요.

今は 家で 働いて います。
지금은 집에서 일하고 있어요.

兄は テレビ局で 働いて います。
형은 방송국에서 일하고 있어요.

パートで 働いて います。
파트타임으로 일하고 있어요.

> 앞에 직무 유형을 넣어서 말할 수도 있어요. 이 때는 '~으로 일하고 있어요'라는 뜻이 돼요!

銀行 [ぎんこう] 은행   業界 [ぎょうかい] 업계   人事部 [じんじぶ] 인사팀   今 [いま] 지금   家 [いえ] 집   兄 [あに] 형
テレビ局 [テレビきょく] 방송국   パート 파트타임

Step 2
이번에는 우리말만 보고 패턴 사용해 문장 말해보기

출판사에서 일하고 있어요. 出版社で 働いて います。

은행에서 일하고 있어요.

IT 업계에서 일하고 있어요.

인사팀에서 일하고 있어요.

지금은 집에서 일하고 있어요.

형은 방송국에서 일하고 있어요.

파트타임으로 일하고 있어요.

Step 3
패턴이 들어간 실제 회화 따라 말해보기

어디에서 일하는지 묻는 상대에게
일하는 곳을 말할 때

타나카　今は どこで 働いて いますか。
　　　　지금 어디에서 일하고 있어요?

스즈키　今は 家で 働いて います。リモートワークです。
　　　　지금은 집에서 일하고 있어요. 재택근무예요.

타나카　うらやましいですね。
　　　　부럽네요.

リモートワーク 재택근무　うらやましい 부럽다

Day 53

어딘가에 온 목적을 말하는 に 来ました 패턴

파마를 하러 왔어요.

 +  + に 来ました
파마를   하   러 왔어요

パーマをかける 2 파마를 하다

어떤 장소에 온 목적이나 이유를 말할 때 사용하는 패턴이에요. ~に 来ました(~하러 왔어요) 앞에 파마를 하려고 한다, 디저트를 사려고 한다처럼 방문 목적을 넣어 말해 보세요. 이때, に 来ました 앞의 동사는 동사 뒤에 ます를 붙일 때와 똑같은 방식으로 바꿔서 사용해요!
*ます 붙이는 방법은 p.13~15에서 확인할 수 있어요!

 Step 1
패턴이 사용된 문장 따라 말해보기

デザートを 買いに 来ました。
디저트를   사러   왔어요.

先生に 質問しに 来ました。
선생님께   질문하러   왔어요.

ジェットコースターに 乗りに 来ました。
롤러코스터를   타러   왔어요.

顔写真を 撮りに 来ました。
증명사진을   찍으러   왔어요.

限定スニーカーを 買いに 来ました。
한정 스니커즈를   사러   왔어요.

好きな チームを 応援しに 来ました。
좋아하는   팀을   응원하러   왔어요.

デザート 디저트　買う [かう] 1 사다　質問 [しつもん] 질문　ジェットコースター 롤러코스터　顔写真 [かおじゃしん] 증명사진　限定 [げんてい] 한정　スニーカー 스니커즈　チーム 팀　応援 [おうえん] 응원

Step 2
이번에는 우리말만 보고 패턴 사용해 문장 말해보기

| 파마를 하러 왔어요. | パーマを かけに 来ました。 |

디저트를 사러 왔어요.

선생님께 질문하러 왔어요.

롤러코스터를 타러 왔어요.

증명사진을 찍으러 왔어요.

한정 스니커즈를 사러 왔어요.

좋아하는 팀을 응원하러 왔어요.

Step 3
패턴이 들어간 실제 회화 따라 말해보기

백화점 식품 코너에서 우연히 만난 상대에게
디저트를 사러 온 것이라고 목적을 말할 때

스즈키: 田中さん、お久しぶりです。
타나카 씨, 오랜만이에요.

타나카: 久しぶりですね。デパートには 何を しに 来ましたか。
오랜만이네요. 백화점에는 뭘 하러 왔어요?

스즈키: デザートを 買いに 来ました。ここ、本当に おいしいです。
디저트를 사러 왔어요. 여기, 정말로 맛있어요.

デパート 백화점

Day 54

처음이라고 말하는 は 初めてです 패턴

알바는 처음이에요.

MP3바로 듣기

バイト + は 初めてです
알바   는 처음이에요

バイト 알바

어떤 경험이나 행동이 처음이라고 말할 때 사용하는 패턴이에요. ~は 初めてです(~는 처음이에요) 앞에 알바, 기모노 체험처럼 처음 해보는 일을 넣어 말해 보세요.

 Step 1
패턴이 사용된 문장 따라 말해보기

きもの体験は 初めてです。
기모노 체험은   처음이에요.

夏の 北海道は 初めてです。
여름의 홋카이도는   처음이에요.

推しに 会うのは 初めてです。
최애와 만나는 것은 처음이에요.

コース料理は 初めてです。
코스 요리는   처음이에요.

ギターを ひくのは 初めてです。
기타를   치는 것은   처음이에요.

日本人と 話すのは 初めてです。
일본인과 이야기하는 것은 처음이에요.

きもの 기모노 体験 [たいけん] 체험 夏 [なつ] 여름 推し [おし] 최애 コース料理 [コースりょうり] 코스 요리 ギター 기타 ひく 1 치다 日本人 [にほんじん] 일본인 話す [はなす] 1 이야기하다

Step 2
이번에는 우리말만 보고 패턴 사용해 문장 말해보기

알바는 처음이에요.　　　バイトは 初めてです。

기모노 체험은 처음이에요.

여름의 홋카이도는 처음이에요.

최애와 만나는 것은 처음이에요.

코스 요리는 처음이에요.

기타를 치는 것은 처음이에요.

일본인과 이야기하는 것은 처음이에요.

Step 3
패턴이 들어간 실제 회화 따라 말해보기

홋카이도에 와 본 적 있는지 묻는 상대에게
여름에 오는 건 처음이라고 말할 때

타나카　北海道に 来たことが ありますか。
홋카이도에 와 본 적 있어요?

스즈키　はい、でも、夏の 北海道は 初めてです。
네, 하지만, 여름의 홋카이도는 처음이에요.

타나카　北海道は 冬も いいですが 夏も きれいですよ。
홋카이도는 겨울도 좋지만 여름도 예뻐요.

きれいだ 예쁘다

Day 55

모르는 내용을 말하는 はわかりません 패턴

요즘 유행은 몰라요.

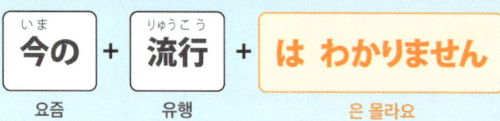

今[いま] 요즘　流行[りゅうこう] 유행

모르는 내용이나 이해하지 못한 것을 말할 때 사용하는 패턴이에요. ~はわかりません(~은 몰라요, ~모르겠어요) 앞에 유행, 전화번호처럼 모르는 내용을 넣어 말해 보세요.

Step 1
패턴이 사용된 문장 따라 말해보기

難しい 漢字は わかりません。
어려운　한자는　　　　　몰라요.

彼女の 電話番号は わかりません。
그녀의　전화번호는　　　　몰라요.

野球の ルールは わかりません。
야구　　룰은　　　　　몰라요.

ここから 駅までの 道は わかりません。
여기서　　역까지의　길은　　몰라요.

詳しい 理由は わかりません。
자세한　이유는　　　　모르겠어요.

彼の 本当の 気持ちは わかりません。
그의　진짜　마음은　　　　모르겠어요.

難しい [むずかしい] 어렵다　漢字 [かんじ] 한자　電話番号 [でんわばんごう] 전화번호　野球 [やきゅう] 야구　ルール 룰
~まで ~까지　道 [みち] 길　詳しい [くわしい] 자세하다　理由 [りゆう] 이유　気持ち [きもち] 마음

Step 2
이번에는 우리말만 보고 패턴 사용해 문장 말해보기

요즘 유행은 몰라요.   今の 流行は わかりません。

어려운 한자는 몰라요.

그녀의 전화번호는 몰라요.

야구 룰은 몰라요.

여기서 역까지의 길은 몰라요.

자세한 이유는 모르겠어요.

그의 진짜 마음은 모르겠어요.

Step 3
패턴이 들어간 실제 회화 따라 말해보기

야구를 좋아하는지 묻는 상대에게
야구는 잘 모른다고 말할 때

타나카 鈴木さん、一緒に 野球を 見に 行きませんか。
스즈키 씨, 같이 야구를 보러 안 갈래요?

스즈키 え、田中さん 野球 好きでしたか。
어, 타나카 씨 야구 좋아했어요?

타나카 野球の ルールは わかりません。でも 雰囲気が 好きです。
야구 룰은 몰라요. 하지만 분위기가 좋아요.

雰囲気 [ふんいき] 분위기

Day 56

상황, 상태의 정도를 설명하는 ほどです 패턴

더워서 쓰러질 정도예요.

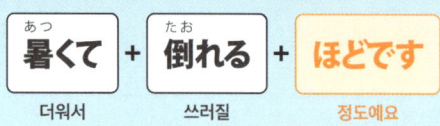

暑くて + 倒れる + ほどです
더워서   쓰러질   정도예요

暑い [あつい] 덥다   倒れる [たおれる] 쓰러지다

어떤 상황이나 상태의 정도를 표현할 때 사용하는 패턴이에요. ~ほどです(~할 정도예요) 앞에 쓰러질 정도, 머리가 아플 정도처럼 상황이나 상태의 정도를 넣어 말해 보세요.

Step 1
패턴이 사용된 문장 따라 말해보기

頭が 痛い ほどです。
머리가 아플 정도예요.

涙が 出る ほどです。
눈물이 날 정도예요.

くせに なる ほどです。
버릇이 될 정도예요.

好きで 毎日 会いたい ほどです。
좋아서 매일 만나고 싶을 정도예요.

おいしくて 言葉が 出ない ほどです。
맛있어서 말이 안 나올 정도예요.

うるさくて 声が 聞こえない ほどです。
시끄러워서 목소리가 안 들릴 정도예요.

頭 [あたま] 머리 痛い [いたい] 아프다 涙 [なみだ] 눈물 くせ 버릇 毎日 [まいにち] 매일 会う [あう] 1 만나다
おいしい 맛있다 言葉 [ことば] 말 うるさい 시끄럽다 声 [こえ] 목소리 聞こえる [きこえる] 2 들리다

Step 2
이번에는 우리말만 보고 패턴 사용해 문장 말해보기

더워서 쓰러질 정도예요. 暑くて 倒れる ほどです。

머리가 아플 정도예요.

눈물이 날 정도예요.

버릇이 될 정도예요.

좋아서 매일 만나고 싶을 정도예요.

맛있어서 말이 안 나올 정도예요.

시끄러워서 목소리가 안 들릴 정도예요.

Step 3
패턴이 들어간 실제 회화 따라 말해보기

콘서트가 어땠는지 묻는 상대에게
얼만큼 감동했는지 정도를 설명할 때

타나카　今日の コンサートは どうでしたか。
오늘 콘서트는 어땠어요?

스즈키　感動で 涙が 出る **ほどです**。とても よかったです。
감동해서 눈물이 날 정도예요. 정말 좋았어요.

타나카　そうですか。次回は 私も 行きます。
그래요? 다음에는 저도 갈게요.

感動 [かんどう] 감동 次回 [じかい] 다음, 다음 회

Day 57

어떤 대상에게 무슨 일이 있었는지 묻는 に何かありましたか 패턴

부장님에게 무슨 일 있었어요?

部長[ぶちょう] + に 何か ありましたか
부장님 　　　에게 무슨 일 있었어요?

部長 [ぶちょう] 부장(님)

사람, 장소 등 어떤 대상에게 무슨 일이 있었는지 물어볼 때 사용하는 패턴이에요. ~に何かありましたか(~에게 무슨 일 있었어요?) 앞에 부장님, 집처럼 무슨 일이 있었는지 걱정되는 대상을 넣어 말해 보세요.

🔊 Step 1
패턴이 사용된 문장 따라 말해보기

家に 何か ありましたか。
집에 무슨 일 있었어요?

おばあさんに 何か ありましたか。
할머니에게 무슨 일 있었어요?

お店に 何か ありましたか。
가게에 무슨 일 있었어요?

あの 俳優に 何か ありましたか。
그 배우에게 무슨 일 있었어요?

取引先に 何か ありましたか。
거래처에 무슨 일 있었어요?

前に 何か ありましたか。
전에 무슨 일 있었어요?

> ~に何かありましたか 앞에 무슨 일이 일어났는지 궁금한 기간을 넣어 말할 수도 있어요!

家 [いえ] 집　おばあさん 할머니　お店 [おみせ] 가게　俳優 [はいゆう] 배우　取引先 [とりひきさき] 거래처　前 [まえ] 전

Step 2
이번에는 우리말만 보고 패턴 사용해 문장 말해보기

부장님에게 무슨 일 있었어요?　部長に 何か ありましたか。

집에 무슨 일 있었어요?

할머니에게 무슨 일 있었어요?

가게에 무슨 일 있었어요?

그 배우에게 무슨 일 있었어요?

거래처에 무슨 일 있었어요?

전에 무슨 일 있었어요?

Step 3
패턴이 들어간 실제 회화 따라 말해보기

알바 도중에 돌아갔다는 상대에게
가게에 무슨 일이 있었는지 물을 때

타나카　昨日の バイト、途中で 帰りました。
어제 알바, 도중에 돌아갔어요.

스즈키　え、お店に 何か ありましたか。
어, 가게에 무슨 일 있었어요?

타나카　停電で 働くことが できませんでした。
정전으로 일할 수 없었어요.

途中 [とちゅう] 도중　帰る [かえる] 1 돌아가다　停電 [ていでん] 정전　働く [はたらく] 1 일하다

Day 58

잊어버리거나 두고 온 것을 말하는 을 忘れてしまいました 패턴

기념일을 잊어버렸어요.

記念日(きねんび) + を 忘(わす)れて しまいました
기념일 　　　　　을 잊어버렸어요

記念日 [きねんび] 기념일

어떤 것을 잊어버리거나 무언가를 두고 오는 등의 실수를 말할 때 사용하는 패턴이에요. ~を忘れてしまいました(~을 잊어버렸어요, 두고 와 버렸어요)앞에 기념일, 선글라스처럼 잊어버린 것이나 두고 온 것을 넣어 말해보세요.

Step 1
패턴이 사용된 문장 따라 말해보기

待(ま)ち合(あ)わせの 時間(じかん)を 忘(わす)れて しまいました。
약속　　　　　　시간을　　잊어　　버렸어요.

口座番号(こうざばんごう)を 忘(わす)れて しまいました。
계좌 번호를　　　잊어　　버렸어요.

会議(かいぎ)が あるのを 忘(わす)れて しまいました。
회의가　있는 걸　잊어　　버렸어요.

サングラスを 忘(わす)れて しまいました。
선글라스를　　두고 와　　버렸어요.

財布(さいふ)を 忘(わす)れて しまいました。
지갑을　　두고 와　　버렸어요.

レシートを 忘(わす)れて しまいました。
영수증을　　두고 와　　버렸어요.

待ち合わせ [まちあわせ] (만나기로 한) 약속 　口座番号 [こうざばんごう] 계좌번호 　会議 [かいぎ] 회의 　サングラス 선글라스
財布 [さいふ] 지갑 　レシート 영수증

Step 2
이번에는 우리말만 보고 패턴 사용해 문장 말해보기

기념일을 잊어버렸어요.　　記念日を 忘れて しまいました。

약속 시간을 잊어버렸어요.

계좌 번호를 잊어버렸어요.

회의가 있는 걸 잊어버렸어요.

선글라스를 두고 와 버렸어요.

지갑을 두고 와 버렸어요.

영수증을 두고 와 버렸어요.

Step 3
패턴이 들어간 실제 회화 따라 말해보기

💬 회의 시간이 아닌지 묻는 상대에게
회의가 있는 것을 깜빡 잊어버렸다고 말할 때

타나카　　鈴木さん、3時から 会議じゃなかったですか。
스즈키 씨, 3시부터 회의 아니었어요?

스즈키　　あっ、会議が あるのを 忘れて しまいました。
앗, 회의가 있는 걸 잊어버렸어요.

타나카　　今 3時半ですよ？大変ですね。
지금 3시 반인데요? 큰일이네요.

Day 59

대상이나 정보를 알고 있는지 묻는 を知っていますか 패턴

그 유튜버를 알아요?

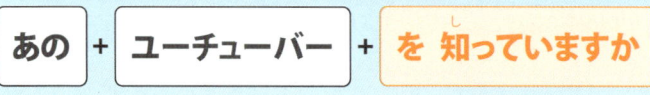

あの + ユーチューバー + を 知っていますか
그　　　　유튜버　　　　　　를 알아요?

ユーチューバー 유튜버

상대방이 어떤 것에 대해 알고 있는지 물어볼 때 사용하는 패턴이에요. ～を知っていますか(~를 알아요?) 앞에 유튜버, 막차 시간처럼 질문하고 싶은 대상이나 정보를 넣어 말해 보세요.

Step 1
패턴이 사용된 문장 따라 말해보기

終電の 時間を 知っていますか。
막차　　시간을　　　　알아요?

彼の MBTIを 知っていますか。
그의　MBTI를　　　　알아요?

この ミームを 知っていますか。
이　　밈을　　　　　알아요?

'밈'은 인터넷에서 유행하는 다양한 창작물, 콘텐츠를 말해요!

おいしい ラーメン屋を 知っていますか。
맛있는　　라멘집을　　　　　알아요?

安い 駐車場を 知っていますか。
저렴한　주차장을　　　　알아요?

自分の パーソナルカラーを 知っていますか。
자신의　퍼스널 컬러를　　　　　　알아요?

終電 [しゅうでん] 막차　ミーム 밈　ラーメン屋 [ラーメンや] 라멘집　安い [やすい] 저렴하다
駐車場 [ちゅうしゃじょう] 주차장　自分 [じぶん] 자신　パーソナルカラー 퍼스널컬러

Step 2
이번에는 우리말만 보고 패턴 사용해 문장 말해보기

그 유튜버를 알아요?　　　　　あの ユーチューバーを 知っていますか。

막차 시간을 알아요?

그의 MBTI를 알아요?

이 밈을 알아요?

맛있는 라멘집을 알아요?

저렴한 주차장을 알아요?

자신의 퍼스널 컬러를 알아요?

Step 3
패턴이 들어간 실제 회화 따라 말해보기

💬 대화하는 상대에게
요즘 유행하는 밈을 알고 있는지 물을 때

타나카　　この ミームを 知ってますか。
　　　　　이 밈을 알아요?

〜ています 형태의 패턴은 회화에서 い를 빼고 많이 사용해요!

스즈키　　もちろんです。はやって いますよね。
　　　　　물론이지요. 유행하고 있지요.

타나카　　最近 これに はまって います。
　　　　　요즘 이거에 빠져 있어요.

もちろん 물론　はやる 1 유행하다　はまる 1 빠지다

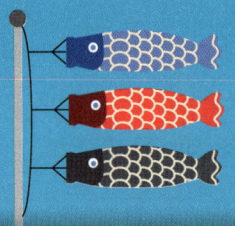

일본어도 역시, **해커스일본어**
japan.Hackers.com

8장

변화와 발전을 말하는 패턴

해커스 일본어회화 10분의 기적
패턴으로 말하기

Day 60 — 운전을 할 수 있게 되었어요.
할 수 있게 된 일을 말하는 ができるようになりました 패턴

Day 61 — 일본어가 늘었어요.
실력이 늘었다고 말하는 が上手になりました 패턴

Day 62 — 벚꽃이 피기 시작했어요.
어떤 일이 시작했다고 말하는 てきました 패턴

Day 63 — SNS를 하지 않게 되었어요.
더 이상 하지 않는 일을 말하는 をしなくなりました 패턴

Day 64 — 시험에서 떨어질 뻔했어요.
일어날 뻔한 일을 말하는 そうになりました 패턴

Day 60

할 수 있게 된 일을 말하는 が できるようになりました 패턴

運転を 할 수 있게 되었어요.

運転 (운전) + が できるように なりました (을 할 수 있게 되었어요)

運転 [うんてん] 운전

새롭게 할 수 있게 된 일이나 습득한 능력을 말할 때 사용하는 패턴이에요. ~ができるようになりました(~을 할 수 있게 되었어요)앞에 운전, 요리처럼 새롭게 할 수 있게 된 일을 넣어 말해 보세요.

Step 1
패턴이 사용된 문장 따라 말해보기

料理が できるように なりました。
요리를   할 수 있게   되었어요.

英語が できるように なりました。
영어를   할 수 있게   되었어요.

ひらおよぎが できるように なりました。
평영을   할 수 있게   되었어요.

プログラミングが できるように なりました。
프로그래밍을   할 수 있게   되었어요.

卒業が できるように なりました。
졸업을   할 수 있게   되었어요.

100キロの スクワットが できるように なりました。
100kg   스쿼트를   할 수 있게   되었어요.

料理 [りょうり] 요리 英語 [えいご] 영어 ひらおよぎ 평영 プログラミング 프로그래밍 卒業 [そつぎょう] 졸업 キロ kg スクワット 스쿼트

Step 2
이번에는 우리말만 보고 패턴 사용해 문장 말해보기

운전을 할 수 있게 되었어요.   運転が できるように なりました。

요리를 할 수 있게 되었어요.

영어를 할 수 있게 되었어요.

평영을 할 수 있게 되었어요.

프로그래밍을 할 수 있게 되었어요.

졸업을 할 수 있게 되었어요.

100kg 스쿼트를 할 수 있게 되었어요.

Step 3
패턴이 들어간 실제 회화 따라 말해보기

💬 대화하고 있는 상대에게
새롭게 할 수 있게 된 일을 자랑할 때

타나카　最近 簡単な 料理が できるように なりました。
　　　　요새 간단한 요리를 할 수 있게 되었어요.

스즈키　そうですか。一人で 練習でも して いますか。
　　　　그래요? 혼자서 연습이라도 하고 있어요?

타나카　弟と 練習して います。
　　　　남동생과 연습하고 있어요.

簡単だ [かんたんだ] 간단하다

Day 61

실력이 늘었다고 말하는 が上手になりました 패턴

일본어가 늘었어요.

日本語 + が 上手になりました
일본어 　　　가 늘었어요

日本語 [にほんご] 일본어

전보다 실력이 늘었다고 말할 때 사용하는 패턴이에요. ～が上手になりました(~가 늘었어요, ~을 잘하게 됐어요) 앞에 일본어, 피아노처럼 실력이 는 일을 넣어 말해 보세요.

 Step 1
패턴이 사용된 문장 따라 말해보기

ピアノが 上手になりました。
피아노가　　　늘었어요.

ボウリングが 上手になりました。
볼링이　　　늘었어요.

演技が 上手になりました。
연기가　　　늘었어요.

自撮りが 上手になりました。
셀카가　　　늘었어요.

仕事が 上手になりました。
일을　　　잘하게 됐어요.

字が 上手になりました。
글씨를　　　잘 쓰게 됐어요.

> 일본어로 글씨를 잘 쓴다고 말할 때 字が上手だ라고 해요!

ピアノ 피아노　ボウリング 볼링　演技 [えんぎ] 연기　自撮り [じどり] 셀카　仕事 [しごと] 일　字 [じ] 글씨

Step 2
이번에는 우리말만 보고 패턴 사용해 문장 말해보기

| 일본어가 늘었어요. | 日本語が 上手に なりました。 |

피아노가 늘었어요.

볼링이 늘었어요.

연기가 늘었어요.

셀카가 늘었어요.

일을 잘하게 됐어요.

글씨를 잘 쓰게 됐어요.

Step 3
패턴이 들어간 실제 회화 따라 말해보기

대화하는 상대에게
어떤 배우의 연기 실력이 늘었다고 말할 때

타나카　あの 俳優、演技が 上手に なりましたね。
그 배우, 연기가 늘었네요.

스즈키　そうですね。最近 見て びっくりしました。
그러게요. 최근에 보고 깜짝 놀랐어요.

타나카　次 どんな 作品に 出るか 楽しみです。
다음에 어떤 작품에 나올지 기대돼요.

俳優 [はいゆう] 배우　びっくりする 3 깜짝 놀라다　次 [つぎ] 다음　作品 [さくひん] 작품

Day 62 벚꽃이 피기 시작했어요.

어떤 일이 시작했다고 말하는 **てきました** 패턴

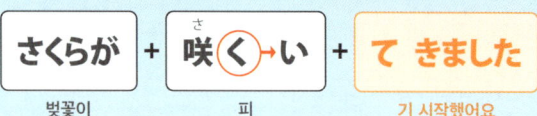

벚꽃이 + 피 + 기 시작했어요

さくら 벚꽃　咲く[さく] 1 피다

무언가 변화하기 시작했을 때 사용하는 패턴이에요. ~てきました(~하기 시작했어요) 앞에 벚꽃이 피거나, 눈이 내리기 시작하는 것처럼 변화하기 시작한 일을 넣어 말해보세요. 이때, **てきました** 앞의 동사는 동사 뒤에 **て**를 붙일 때와 똑같은 방식으로 바꿔서 사용해요!
*て 붙이는 방법은 p.13~15에서 확인할 수 있어요!

Step 1
패턴이 사용된 문장 따라 말해보기

雪が 降って きました。
눈이　　내리기　　시작했어요.

目的地が 見えて きました。
목적지가　　보이기　　시작했어요.

調子が よくなって きました。
컨디션이　　좋아지기　　시작했어요.

フォロワーが 増えて きました。
팔로워가　　늘기　　시작했어요.

道が 混んで きました。
길이　　막히기　　시작했어요.

変な 音が 聞こえて きました。
이상한　소리가　들리기　시작했어요.

雪 [ゆき] 눈　降る [ふる] 1 내리다　目的地 [もくてきち] 목적지　見える [みえる] 2 보이다　調子 [ちょうし] 컨디션
フォロワー 팔로워　増える [ふえる] 2 늘다　混む [こむ] 1 막히다　変だ [へんだ] 이상하다

Step 2
이번에는 우리말만 보고 패턴 사용해 문장 말해보기

| 벚꽃이 피기 시작했어요. | さくらが 咲いて きました。 |

| 눈이 내리기 시작했어요. | |

| 목적지가 보이기 시작했어요. | |

| 컨디션이 좋아지기 시작했어요. | |

| 팔로워가 늘기 시작했어요. | |

| 길이 막히기 시작했어요. | |

| 이상한 소리가 들리기 시작했어요. | |

Step 3
패턴이 들어간 실제 회화 따라 말해보기

상태가 어떤지 묻는 상대에게
좋아지기 시작했다고 답할 때

타나카　**具合は どうですか。**
　　　　상태는 어때요?

스즈키　**はい、調子が よくなって きました。熱も 下がりました。**
　　　　네, 컨디션이 좋아지기 시작했어요. 열도 내렸어요.

타나카　**それは よかったです。**
　　　　그거 다행이네요.

具合 [ぐあい] 상태　熱 [ねつ] 열　下がる [さがる] 1 내리다

Day 63

더 이상 하지 않는 일을 말하는 をしなくなりました 패턴

SNS를 하지 않게 되었어요.

SNS + **を しなく なりました**
SNS / 를 하지 않게 되었어요

예전에는 했던 일을 더 이상 하지 않게 되었을 때 사용하는 패턴이에요. ～をしなくなりました(~를 하지 않게 되었어요) 앞에 SNS, 게임처럼 더 이상 하지 않는 일을 넣어 말해보세요.

Step 1
패턴이 사용된 문장 따라 말해보기

夜更かしを しなく なりました。
밤샘을 하지 않게 되었어요.

> 夜更かし는 밤 늦게까지 자지 않고 깨어 있는 것을 의미해요!

ゲームを しなく なりました。
게임을 하지 않게 되었어요.

買い食いを しなく なりました。
군것질을 하지 않게 되었어요.

読書を しなく なりました。
독서를 하지 않게 되었어요.

彼に 期待を しなく なりました。
그에게 기대를 하지 않게 되었어요.

昼寝を しなく なりました。
낮잠을 자지 않게 되었어요.

> 일본에서는 '낮잠을 자다'을 昼寝をする (낮잠을 하다)라고 표현해요!

夜更かし [よふかし] 밤샘   ゲーム 게임   買い食い [かいぐい] 군것질   読書 [どくしょ] 독서   期待 [きたい] 기대
昼寝 [ひるね] 낮잠

Step 2
이번에는 우리말만 보고 패턴 사용해 문장 말해보기

SNS를 하지 않게 되었어요.　　SNSを しなく なりました。

밤샘을 하지 않게 되었어요.

게임을 하지 않게 되었어요.

군것질을 하지 않게 되었어요.

독서를 하지 않게 되었어요.

그에게 기대를 하지 않게 되었어요.

낮잠을 자지 않게 되었어요.

Step 3
패턴이 들어간 실제 회화 따라 말해보기

💬 같이 게임하자고 권하는 상대에게
게임을 하지 않게 되었다고 말할 때

타나카　　週末に 一緒に ゲームしませんか。
　　　　　주말에 같이 게임 안 할래요?

스즈키　　すみません。私 最近 ゲームを しなく なりました。
　　　　　미안해요. 저 요새 게임을 하지 않게 되었어요.

타나카　　そうですか。
　　　　　그래요?

週末 [しゅうまつ] 주말

Day 64

일어날 뻔한 일을 말하는 そうになりました 패턴

시험에서 떨어질 뻔했어요.

試験で + 落ちる + そうに なりました
시험에서   떨어질   뻔했어요

試験 [しけん] 시험   落ちる [おちる] 2 떨어지다

일어날 뻔한 일을 말할 때 사용하는 패턴이에요. ~そうになりました (~할 뻔했어요) 앞에 늦잠, 사고처럼 일어날 뻔했던 일을 넣어 말해보세요. 이때, そうになりました 앞의 동사는 동사 뒤에 ます를 붙일 때와 똑같은 방식으로 바꿔서 사용해요!
*ます 붙이는 방법은 p.13~15에서 확인할 수 있어요!

 Step 1
패턴이 사용된 문장 따라 말해보기

転びそうに なりました。
넘어질 뻔 했어요.

寝坊しそうに なりました。
늦잠 잘 뻔 했어요.

泣きそうに なりました。
울 뻔 했어요.

事故を 起こしそうに なりました。
사고를   낼 뻔   했어요.

スマホを 落としそうに なりました。
스마트폰을 떨어뜨릴 뻔   했어요.

飛行機に 乗り遅れそうに なりました。
비행기를   놓칠 뻔   했어요.

転ぶ [ころぶ] 1 넘어지다   寝坊 [ねぼう] 늦잠   泣く [なく] 1 울다   事故 [じこ] 사고   起こす [おこす] 1 내다, 일으키다
スマホ 스마트폰   落とす [おとす] 1 떨어뜨리다   飛行機 [ひこうき] 비행기   乗り遅れる [のりおくれる] 2 놓치다

Step 2
이번에는 우리말만 보고 패턴 사용해 문장 말해보기

| 시험에서 떨어질 뻔했어요. | 試験で 落ちそうに なりました。 |

넘어질 뻔했어요.

늦잠 잘 뻔했어요.

울 뻔했어요.

사고를 낼 뻔했어요.

스마트폰을 떨어뜨릴 뻔했어요.

비행기를 놓칠 뻔했어요.

Step 3
패턴이 들어간 실제 회화 따라 말해보기

한국 여행이 어땠는지 묻는 상대에게
여행에서 일어날 뻔한 일을 말할 때

타나카: **韓国旅行は どうでしたか。**
한국 여행은 어땠어요?

스즈키: **よかったです。でも、飛行機に 乗り遅れそうに なりました。**
좋았어요. 하지만, 비행기를 놓칠 뻔했어요.

타나카: **え、でも、無事に 乗って よかったですね。**
어, 그래도 무사히 타서 다행이네요.

旅行 [りょこう] 여행 飛行機 [ひこうき] 비행기

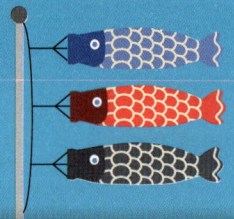

일본어도 역시, **해커스일본어**
japan.Hackers.com

9장

능력을
말하는 패턴

해커스 일본어회화 10분의 기적
패턴으로 말하기

| Day 65 | 그는 꽃꽂이를 잘해요.
잘하는 일을 말하는 が上手です 패턴 |

| Day 66 | 저는 화장을 못해요.
잘 못하는 일을 말하는 が下手です 패턴 |

| Day 67 | 저는 일찍 일어나는 것에 익숙해요.
익숙해진 일을 말하는 私は~に慣れています 패턴 |

| Day 68 | 블로그를 쓸 여유가 없어요.
어떤 일을 할 여유가 없다고 말하는 暇がありません 패턴 |

| Day 69 | 지금은 주차를 할 수 없어요.
할 수 없거나 안 되는 일을 말하는 ができません 패턴 |

Day 65

잘하는 일을 말하는 が上手です 패턴

그는 꽃꽂이를 잘해요.

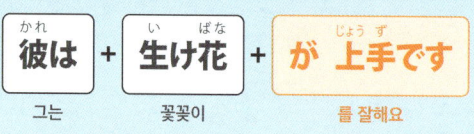

生け花 [いけばな] 꽃꽂이

누군가 잘하는 일을 말할 때 사용하는 패턴이에요. ~が上手です(~를 잘해요) 앞에 꽃꽂이, 뜨개질처럼 잘하는 일을 넣어 말해보세요.

 Step 1
패턴이 사용된 문장 따라 말해보기

あみものが 上手です。
　뜨개질을　　 잘해요.

絵を 描くのが 上手です。
그림　그리는 걸　　잘해요.

彼女は 説明が 上手です。
그녀는　설명을　　잘해요.

じょうだんが 上手です。
　　농담을　　　잘해요.

祖父は いごが 上手です。
할아버지는　바둑을　　잘해요.

この 選手は パスが 上手です。
이　선수는　　패스를　　잘해요.

あみもの 뜨개질　絵 [え] 그림　描く [かく] 1 그리다　説明 [せつめい] 설명　じょうだん 농담　祖父 [そふ] 할아버지
いご 바둑　選手 [せんしゅ] 선수　パス 패스

Step 2
이번에는 우리말만 보고 패턴 사용해 문장 말해보기

그는 꽃꽂이를 잘해요.　　　　彼は 生け花が 上手です。

뜨개질을 잘해요.

그림 그리는 걸 잘해요.

그녀는 설명을 잘해요.

농담을 잘해요.

할아버지는 바둑을 잘해요.

이 선수는 패스를 잘해요.

Step 3
패턴이 들어간 실제 회화 따라 말해보기

잘 그린 그림을 보고 놀라는 상대에게
그린 이가 그림을 잘 그린다고 말할 때

타나카　これ、高橋さんが 描いた 絵です。
　　　　이거, 타카하시 씨가 그린 그림이에요.

스즈키　うわ、写真かと 思いました。
　　　　우와, 사진인가 생각했어요.

타나카　高橋さんは 絵を 描くのが 上手です。
　　　　타카하시씨는 그림 그리는 걸 잘 해요.

Day 66

잘 못하는 일을 말하는 が下手です 패턴

저는 화장을 못해요.

私は (저는) + メイク (화장) + が 下手です (을 못해요)

メイク 화장

잘 못하는 일, 실력이 부족한 일을 말할 때 사용하는 패턴이에요. ~が下手です(~을 못해요) 앞에 화장, 노래처럼 잘 못하는 일을 넣어 말해보세요.

 Step 1
패턴이 사용된 문장 따라 말해보기

コーデが 下手です。
코디를   못해요.

私は 歌が 下手です。
저는 노래를 못해요.

作文が 下手です。
글쓰기를 못해요.

声まねが 下手です。
성대모사를   못해요.

機械の 操作が 下手です。
기계   조작을 못해요.

人前で 話すのが 下手です。
사람들 앞에서 말하는 걸 못해요.

コーデ 코디 歌 [うた] 노래 作文 [さくぶん] 글쓰기 声まね [こえまね] 성대모사 機械 [きかい] 기계 操作 [そうさ] 조작
人前 [ひとまえ] 사람들 앞 話す [はなす] 1 말하다

Step 2
이번에는 우리말만 보고 패턴 사용해 문장 말해보기

저는 화장을 못해요.　　私は メイクが 下手です。

코디를 못해요.

저는 노래를 못해요.

글쓰기를 못해요.

성대모사를 못해요.

기계 조작을 못해요.

사람들 앞에서 말하는 걸 못해요.

Step 3
패턴이 들어간 실제 회화 따라 말해보기

길이 맞는지 묻는 상대에게
길을 외우는 걸 못한다고 답할 때

타나카　今 何を 見て いますか。
지금 뭐를 보고 있어요?

스즈키　メイク動画です。実は 私は メイクが 下手です。
화장 동영상이요. 실은 저는 화장을 못해요.

타나카　じゃ、おすすめの 動画を 教えます。
그럼, 추천 영상을 알려줄게요.

おすすめ 추천　教える [おしえる] 2 알려주다, 가르치다

Day 67

익숙해진 일을 말하는 私は〜に慣れています 패턴

저는 일찍 일어나는 것에 익숙해요.

私は + 早起き + に 慣れています
저는 / 일찍 일어나는 것 / 에 익숙해요

早起き [はやおき] 일찍 일어나는 것

어떤 일이나 상황, 환경에 익숙하다고 말할 때 사용하는 패턴이에요. 〜に慣れています(~에 익숙해요) 앞에 일찍 일어나기, 해외생활처럼 익숙해진 일을 넣어 말해보세요.

Step 1
패턴이 사용된 문장 따라 말해보기

私は 一人暮らしに 慣れています。
저는 혼자 사는 것에 익숙해요.

私は 辛い 料理に 慣れています。
저는 매운 음식에 익숙해요.

私は 赤ちゃんの 世話に 慣れています。
저는 아기 보는 것에 익숙해요.

私は 海外生活に 慣れています。
저는 해외 생활에 익숙해요.

私は 一夜づけに 慣れています。
저는 벼락치기에 익숙해요.

私は 長時間飛行に 慣れています。
저는 장시간 비행에 익숙해요.

一人暮らし [ひとりぐらし] 혼자 사는 것 辛い [からい] 맵다 赤ちゃん [あかちゃん] 아기 世話 [せわ] 보기, 보살피기
海外生活 [かいがいせいかつ] 해외 생활 一夜漬け [いちやづけ] 벼락치기 長時間 [ちょうじかん] 장시간 飛行 [ひこう] 비행

Step 2
이번에는 우리말만 보고 패턴 사용해 문장 말해보기

저는 일찍 일어나는 것에 익숙해요.   私は 早起きに 慣れています。

저는 혼자 사는 것에 익숙해요.

저는 매운 음식에 익숙해요.

저는 아기 보는 것에 익숙해요.

저는 해외 생활에 익숙해요.

저는 벼락치기에 익숙해요.

저는 장시간 비행에 익숙해요.

Step 3
패턴이 들어간 실제 회화 따라 말해보기

💬 매운 음식이 괜찮은지 묻는 상대에게
매운 음식에 익숙하다고 답할 때

타나카   辛い 料理は 大丈夫ですか。
매운 음식은 괜찮아요?

스즈키   はい、私は 辛い 料理に 慣れています。好きですよ。
네, 저는 매운 음식에 익숙해요. 좋아해요.

타나카   そうですか。今度 一緒に 食べに 行きましょう。
그래요? 이담에 같이 먹으러 가요.

Day 68

어떤 일을 할 여유가 없다고 말하는 **暇がありません** 패턴

블로그를 쓸 여유가 없어요.

ブログを (블로그를) + 書く (쓸) + **暇が ありません** (여유가 없어요)

ブログ 블로그 書く [かく] 1 쓰다

어떤 일을 할 시간이나 여유가 없다고 말할 때 사용하는 패턴이에요. ~暇がありません(~할 여유가 없어요) 앞에 블로그 쓰기, 책 읽기처럼 할 시간이 없는 일을 넣어 말해보세요.

 Step 1
패턴이 사용된 문장 따라 말해보기

考える 暇が ありません。
생각할 여유가 없어요.

本を 読む 暇が ありません。
책을 읽을 여유가 없어요.

運動を する 暇が ありません。
운동을 할 여유가 없어요.

友達に 会う 暇が ありません。
친구를 만날 여유가 없어요.

家族と 食事する 暇が ありません。
가족과 식사할 여유가 없어요.

年休を 取る 暇が ありません。
연차를 쓸 여유가 없어요.

考える [かんがえる] 2 생각하다 本 [ほん] 책 読む [よむ] 1 읽다 運動 [うんどう] 운동
年休を取る [ねんきゅうをとる] 1 연차를 쓰다

Step 2
이번에는 우리말만 보고 패턴 사용해 문장 말해보기

블로그를 쓸 여유가 없어요. 🎤 ブログを 書く 暇が ありません。

생각할 여유가 없어요. 🎤

책을 읽을 여유가 없어요. 🎤

운동을 할 여유가 없어요. 🎤

친구를 만날 여유가 없어요. 🎤

가족과 식사할 여유가 없어요. 🎤

연차를 쓸 여유가 없어요. 🎤

Step 3
패턴이 들어간 실제 회화 따라 말해보기

💬 대화하는 상대에게
바빠서 가족과 식사할 여유가 없다고 말할 때

타나카　最近 家で 家族と 食事する 暇が ありません。
　　　　요새 집에서 가족과 식사할 여유가 없어요.

스즈키　そんなに 忙しいですか。
　　　　그렇게 바빠요?

타나카　はい、毎日 残業です。
　　　　네, 매일 야근이에요.

毎日 [まいにち] 매일

Day 69

할 수 없거나 안 되는 일을 말하는 が できません 패턴

지금은 주차를 할 수 없어요.

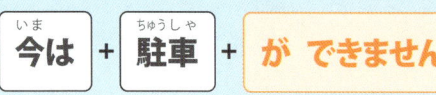

今[いま] 지금   駐車[ちゅうしゃ] 주차

어떤 일을 할 수 없는 상황이거나 할 수 있는 능력이 없어 안 된다고 말할 때 사용하는 패턴이에요. **~が できません**(~를 할 수 없어요, ~이 안 돼요) 앞에 주차, 전화처럼 할 수 없는 일을 넣어 말해보세요.

Step 1
패턴이 사용된 문장 따라 말해보기

電話が できません。
전화를   할 수 없어요.

今日は 残業が できません。
오늘은   야근을   할 수 없어요.

家で いんさつが できません。
집에서   인쇄를   할 수 없어요.

ログインが できません。
로그인이   안 돼요.

ユーチューブの 再生が できません。
유튜브   재생이   안 돼요.

QRコードの スキャンが できません。
QR코드   스캔이   안 돼요.

電話[でんわ] 전화   残業[ざんぎょう] 야근   いんさつ 인쇄   ログイン 로그인   ユーチューブ 유튜브   再生[さいせい] 재생
QRコード QR코드   スキャン 스캔

Step 2
이번에는 우리말만 보고 패턴 사용해 문장 말해보기

지금은 주차를 할 수 없어요.　　今は　駐車が　できません。

전화를 할 수 없어요.

오늘은 야근을 할 수 없어요.

집에서 인쇄를 할 수 없어요.

로그인이 안 돼요.

유튜브 재생이 안 돼요.

QR코드 스캔이 안 돼요.

Step 3
패턴이 들어간 실제 회화 따라 말해보기

가게의 직원에게
QR 스캔이 안 된다고 말할 때

타나카　　QR コードの　スキャンが　できません。
　　　　　QR코드 스캔이 안 돼요.

스즈키　　画面を　明るく　して　みて　ください。
　　　　　화면을 밝게 해 봐 주세요.

타나카　　できました！
　　　　　됐어요!

画面 [がめん] 화면　明るい [あかるい] 밝다

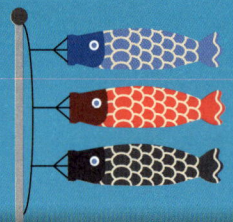

일본어도 역시, **해커스일본어**
japan.Hackers.com

10장

의무와 허락을
말하는 패턴

해커스 일본어회화 10분의 기적
패턴으로 말하기

Day 70 본가에 들러야 해요.
해야 하는 일을 말하는 なければなりません 패턴

Day 71 사진을 찍어도 될까요?
허락을 구하는 てもいいですか 패턴

Day 72 카페인이 필요해요.
필요한 것을 말하는 が必要です 패턴

Day 73 운전 중에 전화하면 안 돼요.
해서는 안 된다고 말하는 てはいけません 패턴

Day 74 서두르지 않아도 돼요.
하지 않아도 된다고 말하는 なくていいです 패턴

Day 75 더 이상 기다리고 있을 수는 없어요.
더 이상 할 수 없는 일을 말하는 てはいられないです 패턴

Day 76 돌아갈 때예요.
어떤 일을 해야 할 때라고 말하는 ときです 패턴

Day 70

해야 하는 일을 말하는 なければなりません 패턴

본가에 들러야 해요.

実家に + 寄る→ら + なければなりません
본가에   들러   야 해요

実家 [じっか] 본가 寄る [よる] 1 들르다

해야 하는 일을 말할 때 사용하는 패턴이에요. **~なければなりません**(~해야 해요) 앞에 여권 갱신, 분리수거처럼 꼭 해야 하는 일을 넣어 말해보세요. 이때, **なければなりません** 앞의 동사는 동사 뒤에 **ない**를 붙일 때와 똑같은 방식으로 바꿔서 사용해요!
*ない 붙이는 방법은 p.13~15에서 확인할 수 있어요!

Step 1
패턴이 사용된 문장 따라 말해보기

パスポートを 更新しなければなりません。
여권을   갱신해야 해요.

7時までに 起きなければなりません。
7시까지   일어나야 해요.

学費を 出さなければなりません。
등록금을   내야 해요.

初心者マークを つけなければなりません。
초보운전 마크를   붙여야 해요.

> 일본은 초보운전 마크가 1년간 의무예요!

ゴミは 分別して 捨てなければなりません。
쓰레기는 분리수거해서 버려야 해요.

この 会社では スーツを 着なければなりません。
이   회사에서는 정장을   입어야 해요.

パスポート 여권   更新 [こうしん] 갱신   学費 [がくひ] 등록금   初心者マーク [しょしんしゃマーク] 초보운전 마크
つける 2 붙이다   分別 [ぶんべつ] 분리수거   捨てる [すてる] 2 버리다   スーツ 정장

Step 2
이번에는 우리말만 보고 패턴 사용해 문장 말해보기

| 본가에 들러야 해요. | 実家に 寄らなければなりません。 |

| 여권을 갱신해야 해요. | |

| 7시까지 일어나야 해요. | |

| 등록금을 내야 해요. | |

| 초보운전 마크를 붙여야 해요. | |

| 쓰레기는 분리수거해서 버려야 해요. | |

| 이 회사에서는 정장을 입어야 해요. | |

Step 3
패턴이 들어간 실제 회화 따라 말해보기

💬 대화 중인 상대에게
본가에 반드시 들러야 한다고 말할 때

타나카　　**帰り道に 実家に 寄らなければなりません。**
　　　　　귀가길에 본가에 들러야 해요.

스즈키　　**えっ、なぜですか。**
　　　　　어, 왜요?

타나카　　**母から おかずを いろいろ もらう 予定です。**
　　　　　어머니에게 반찬을 이것저것 받을 예정이에요.

帰り道 [かえりみち] 귀가길　　おかず 반찬

Day 71

허락을 구하는 てもいいですか 패턴

사진을 찍어도 될까요?

写真を + 撮る→っ + ても いいですか
사진을   찍어   도 될까요?

写真 [しゃしん] 사진　撮る [とる] 1 (사진을) 찍다

상대에게 허락을 구할 때 사용하는 패턴이에요. ~てもいいですか(~해도 돼요?) 앞에 사진 찍기, 창문 열기처럼 허락을 받고자 하는 행동을 넣어 말해보세요. 이때, **てもいいですか** 앞의 동사는 동사 뒤에 て를 붙일 때와 똑같은 방식으로 바꿔서 사용해요!
*て 붙이는 방법은 p.13~15에서 확인할 수 있어요!

Step 1
패턴이 사용된 문장 따라 말해보기

窓を 開けても いいですか。
창문을　열어도　　될까요?

クーラーを つけても いいですか。
에어컨을　　켜도　　　될까요?

> クーラー는 냉방 전용, エアコン은 냉난방 모두 되는 에어컨을 말해요!

ここに 座っても いいですか。
여기에　앉아도　　될까요?

モバイルバッテリーを 借りても いいですか。
보조 배터리를　　　　빌려도　　될까요?

これ 食べても いいですか。
이거　먹어도　　될까요?

ストーリーに タグ付けしても いいですか。
스토리에　　　태그해도　　　　될까요?

窓 [まど] 창문　開ける [あける] 2 열다　クーラー 에어컨　つける 2 켜다　座る [すわる] 1 앉다
モバイルバッテリー 보조 배터리　借りる [かりる] 2 빌리다　タグ付け [タグづけ] 태그(하기)

Step 2
이번에는 우리말만 보고 패턴 사용해 문장 말해보기

사진을 찍어도 될까요? 写真を 撮っても いいですか。

창문을 열어도 될까요?

에어컨을 켜도 될까요?

여기에 앉아도 될까요?

보조 배터리를 빌려도 될까요?

이거 먹어도 될까요?

스토리에 태그해도 될까요?

Step 3
패턴이 들어간 실제 회화 따라 말해보기

박물관 관계자에게
사진을 찍어도 되는지 허락을 구할 때

てんじひん しゃしん と
타나카 展示品の 写真を 撮っても いいですか。
전시품 사진을 찍어도 될까요?

さつえいきんし
스즈키 いいえ、ここは 撮影禁止です。
아니요, 여기는 촬영 금지입니다.

し
타나카 すみません、知りませんでした。
실례했습니다, 몰랐어요.

展示品 [てんじひん] 전시품 撮影 [さつえい] 촬영 禁止 [きんし] 금지

Day 72 카페인이 필요해요.

필요한 것을 말하는 が 必要です 패턴

MP3바로 듣기

カフェイン + が 必要です
카페인   이 필요해요

무언가 필요한 물건이나 일을 말할 때 사용하는 패턴이에요. ~が 必要です(~이 필요해요) 앞에 신분증, 현금처럼 필요한 것을 넣어 말해보세요.

Step 1
패턴이 사용된 문장 따라 말해보기

いやしが 必要です。
힐링이   필요해요.

일본에서는 '힐링'을 いやし(치유)라고 표현해요!

時間が 必要です。
시간이 필요해요.

現金が 必要です。
현금이 필요해요.

身分証が 必要です。
신분증이 필요해요.

会員登録が 必要です。
회원 등록이 필요해요.

大きな 努力が 必要です。
많은   노력이 필요해요.

일본에서는 '많은 노력'을 大きな 努力 (큰 노력)라고 표현해요!

いやし 힐링   現金 [げんきん] 현금   身分証 [みぶんしょう] 신분증   会員登録 [かいいんとうろく] 회원 등록
大きな [おおきな] 크다   努力 [どりょく] 노력

Step 2
이번에는 우리말만 보고 패턴 사용해 문장 말해보기

카페인이 필요해요.　　　カフェインが 必要です。

힐링이 필요해요.

시간이 필요해요.

현금이 필요해요.

신분증이 필요해요.

회원 등록이 필요해요.

많은 노력이 필요해요.

Step 3
패턴이 들어간 실제 회화 따라 말해보기

대화하는 상대에게
카페인이 필요하다고 말할 때

타나카　今 カフェインが 必要です。 すごく ねむいです。
　　　　지금 카페인이 필요해요. 너무 졸려요.

스즈키　え、昨日 何時に 寝ましたか。
　　　　어, 어제 몇시에 잤어요?

타나카　サッカー試合を 見て ３時に 寝ました。
　　　　축구 시합을 보고 3시에 잤어요.

ねむい 졸리다　サッカー 축구　試合 [しあい] 시합

Day 73
해서는 안 된다고 말하는 てはいけません 패턴

運転中に電話しるてはいけません。

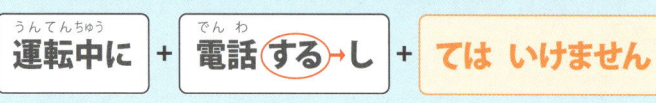

運転中に + 電話する→し + ては いけません
운전 중에   전화하   면 안 돼요

運転 [うんてん] 운전   電話 [でんわ] 전화

해서는 안 되는 일을 말할 때 사용하는 패턴이에요. **~てはいけません**(~하면 안 돼요) 앞에 운전 중 전화, 밤에 큰 소리 내기처럼 금지하는 행동을 넣어 말해보세요. 이때, **てはいけません** 앞의 동사는 동사 뒤에 **て**를 붙일 때와 똑같은 방식으로 바꿔서 사용해요!
*て 붙이는 방법은 p.13~15에서 확인할 수 있어요!

 Step 1
패턴이 사용된 문장 따라 말해보기

これは さわっては いけません。
이건   만지면   안 돼요.

ここで 泳いでは いけません。
여기에서   수영하면   안 돼요.

朝ごはんを 抜いては いけません。
아침을   거르면   안 돼요.

カシミアは 乾燥機に 入れては いけません。
캐시미어는   건조기에   넣으면   안 돼요.

スマホを 見ながら 歩いては いけません。
스마트폰을   보면서   걸으면   안 돼요.

夜に 大きい 声を 出しては いけません。
밤에   큰   소리를   내면   안 돼요.

さわる 1 만지다   泳ぐ [およぐ] 1 수영하다   朝ごはん [あさごはん] 아침   抜く [ぬく] 1 거르다   カシミア 캐시미어
乾燥機 [かんそうき] 건조기   入れる [いれる] 2 넣다   ~ながら ~하면서   歩く [あるく] 1 걷다   夜 [よる] 밤   声 [こえ] 소리

Step 2
이번에는 우리말만 보고 패턴 사용해 문장 말해보기

운전 중에 전화하면 안 돼요.　　運転中に 電話しては いけません。

이건 만지면 안 돼요.

여기에서 수영하면 안 돼요.

아침을 거르면 안 돼요.

캐시미어는 건조기에 넣으면 안 돼요.

스마트폰을 보면서 걸으면 안 돼요.

밤에 큰 소리를 내면 안 돼요.

Step 3
패턴이 들어간 실제 회화 따라 말해보기

옷이 작아져 버렸다는 상대에게
그 옷은 건조기에 넣어서는 안 된다고 말할 때

타나카　　この 服 小さく なってしまいました。
　　　　　이 옷 작아져 버렸어요.

스즈키　　カシミアは 乾燥機に 入れては いけません。
　　　　　캐시미어는 건조기에 넣으면 안 돼요.

타나카　　本当ですか。知らなかったです。
　　　　　정말요? 몰랐어요.

服 [ふく] 옷

Day 74

하지 않아도 된다고 말하는 なくていいです 패턴

서두르지 않아도 돼요.

 + なくて いいです
서두르 　　　　지 않아도 돼요

急ぐ [いそぐ] 1 서두르다

어떤 일을 하지 않아도 된다고 말할 때 사용하는 패턴이에요. **～なくていいです**(~하지 않아도 돼요) 앞에 걱정, 준비처럼 하지 않아도 되는 일을 넣어 말해 보세요. 이때, **なくていいです** 앞의 동사는 동사 뒤에 **ない**를 붙일 때와 똑같은 방식으로 바꿔서 사용해요!
*ない 붙이는 방법은 p.13~15에서 확인할 수 있어요!

 Step 1
패턴이 사용된 문장 따라 말해보기

しんぱい
心配しなくて いいです。
　걱정하지 않아도　　돼요.

あやま
謝らなくて いいです。
　사과하지 않아도　　돼요.

> 상대방이 사과할 때 괜찮다는 의미로
> 謝らなくていいです를 사용해요!

えんりょしなくて いいです。
　　사양하지 않아도　　돼요.

きんちょうしなくて いいです。
　　긴장하지 않아도　　돼요.

かな
そんなに 悲しまなくて いいです。
　그렇게　　슬퍼하지 않아도　　돼요.

なに　じゅんび
何も 準備しなくて いいです。
아무것도　준비하지 않아도　　돼요.

心配 [しんぱい] 걱정　謝る [あやまる] 1 사과하다　えんりょ 사양　きんちょう 긴장　そんなに 그렇게
悲しむ [かなしむ] 1 슬퍼하다　何も [なにも] 아무것도　準備 [じゅんび] 준비

Step 2
이번에는 우리말만 보고 패턴 사용해 문장 말해보기

서두르지 않아도 돼요. 　　急がなくて いいです。

걱정하지 않아도 돼요.

사과하지 않아도 돼요.

사양하지 않아도 돼요.

긴장하지 않아도 돼요.

그렇게 슬퍼하지 않아도 돼요.

아무것도 준비하지 않아도 돼요.

Step 3
패턴이 들어간 실제 회화 따라 말해보기

빌린 책을 찢어서 사과하는 상대에게
괜찮으니 사과하지 않아도 된다고 말할 때

타나카　ごめんなさい。借りた 本が やぶれてしまいました。
미안해요. 빌린 책이 찢어져 버렸어요.

스즈키　この ぐらいは 大丈夫ですよ。謝らなくて いいです。
이 정도는 괜찮아요. 사과하지 않아도 돼요.

타나카　ありがとうございます。
고마워요.

借りる [かりる] 2 빌리다　本 [ほん] 책　やぶれる 2 찢어지다

Day 75

더 이상 할 수 없는 일을 말하는 てはいられないです 패턴

더 이상 기다리고 있을 수는 없어요.

これ以上 + 待つ→っ + ては いられないです
더 이상 　　　 기다리 　　　 고 있을 수는 없어요

これ以上 [これいじょう] 더 이상　待つ [まつ] 1 기다리다

어떤 상태나 행동을 지속하고 있을 상황이 아닐 때 사용하는 패턴이에요. ~てはいられないです(~하고 있을 수는 없어요) 앞에 오래 기다리기, 시험 전에 놀기처럼 더 이상 할 수 없는 일을 넣어 말해 보세요. 이때, ては 앞의 동사는 동사 뒤에 て를 붙일 때와 똑같은 방식으로 바꿔서 사용해요!

*て 붙이는 방법은 p.13~15에서 확인할 수 있어요!

 Step 1
패턴이 사용된 문장 따라 말해보기

試験前に 遊んでは いられないです。
시험 전에　　놀고　　　있을 수는 없어요.

ゆっくりしては いられないです。
　　느긋하게　　　있을 수는 없어요.

じっとしては いられないです。
　　가만히　　　있을 수는 없어요.

アルバイトばかり 続けては いられないです。
　　아르바이트만　　계속하고　　있을 수는 없어요.

迷い犬を ほっといては いられないです。
길 잃은 강아지를　내버려두고　　있을 수는 없어요.

まだ 安心しては いられないです。
아직　안심하고　　있을 수는 없어요.

遊ぶ [あそぶ] 1 놀다　ゆっくり 느긋하게　じっと 가만히　~ばかり ~만　続ける [つづける] 2 계속하다
迷い犬 [まよいいぬ] 길 잃은 강아지　ほっとく 내버려두다　安心 [あんしん] 안심

Step 2
이번에는 우리말만 보고 패턴 사용해 문장 말해보기

더 이상 기다리고 있을 수는 없어요. これ以上 待っては いられないです。

시험 전에 놀고 있을 수는 없어요.

느긋하게 있을 수는 없어요.

가만히 있을 수는 없어요.

아르바이트만 계속하고 있을 수는 없어요.

길 잃은 강아지를 내버려두고 있을 수는 없어요.

아직 안심하고 있을 수는 없어요.

Step 3
패턴이 들어간 실제 회화 따라 말해보기

영화 시간이 얼마 안 남은 상황에서 상대에게
더 이상 다른 일행을 기다릴 수 없다고 말할 때

타나카 　木村さんが　遅いですね。
　　　　키무라 씨가 늦네요.

스즈키 　何か あったんですかね。そろそろ 映画 始まるのに…。
　　　　무슨 일이 있는 걸까요. 슬슬 영화 시작되는데….

타나카 　行きましょう。これ以上 待っては いられないです。
　　　　가요. 더 이상 기다리고 있을 수는 없어요.

遅い [おそい] 늦다　始まる [はじまる] 1 시작되다

Day 76

어떤 일을 해야 할 때라고 말하는 ときです 패턴

돌아갈 때예요.

帰る [かえる] 1 돌아가다

어떤 일을 해야 할 때라고 말할 때 사용하는 패턴이에요. 〜ときです(~할 때예요) 앞에 귀가, 약 먹기처럼 지금 해야하는 행동이나 일을 넣어 말해 보세요.

Step 1
패턴이 사용된 문장 따라 말해보기

薬を 飲む ときです。
약을 먹을   때예요.

花に 水を やる ときです。
꽃에 물을   줄   때예요.

両親から 独立する ときです。
부모님으로부터 독립할   때예요.

もう 寝る ときです。
이제 잘   때예요.

今度こそ 美容室に 行く ときです。
이번에야말로 미용실에   갈   때예요.

その 株を 買う ときです。
그   주식을 살   때예요.

薬を飲む [くすりをのむ] 1 약을 먹다 花 [はな] 꽃 水 [みず] 물 やる 1 주다 両親 [りょうしん] 부모님 独立 [どくりつ] 독립
もう 이제 今度こそ [こんどこそ] 이번에야말로 美容室 [びようしつ] 미용실 株 [かぶ] 주식

Step 2
이번에는 우리말만 보고 패턴 사용해 문장 말해보기

돌아갈 때예요. 帰る ときです。

약을 먹을 때예요.

꽃에 물을 줄 때예요.

부모님으로부터 독립할 때예요.

이제 잘 때예요.

이번에야말로 미용실에 갈 때예요.

그 주식을 살 때예요.

Step 3
패턴이 들어간 실제 회화 따라 말해보기

관심 있던 주식의 주가가 내려갔다는 상대에게
지금이 살 때라고 말할 때

타나카　気になってた 株の 株価が 下がって います。
신경 쓰이던 주식의 주가가 내려가 있어요.

스즈키　今が その 株を 買う ときです。
지금이 그 주식을 살 때예요.

타나카　よし、今すぐ 買います。
좋아, 지금 당장 살게요.

今すぐ [いますぐ] 지금 당장

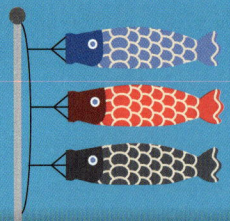

일본어도 역시, **해커스일본어**
japan.Hackers.com

11장
조언을 구하고 받는 패턴

해커스 일본어회화 10분의 기적
패턴으로 말하기

Day 77 이 록밴드를 추천해요.
추천하는 것을 말하는 がおすすめです 패턴

Day 78 성격이 중요해요.
어떤 것이 중요하다고 말하는 が大事です 패턴

Day 79 병원에 가는 게 좋아요.
하는 게 좋다고 조언하는 たほうがいいです 패턴

Day 80 열사병에 조심하세요.
조심하라고 조언하는 に気をつけてください 패턴

Day 81 말하지 않는 게 좋아요.
하지 않는게 좋다고 조언하는 ないほうがいいです 패턴

Day 82 개인적인 의견일 뿐이에요.
큰 의미가 없다고 말하는 に過ぎません 패턴

Day 83 화를 내도 소용없어요.
소용없다고 말하는 てもしょうがないです 패턴

Day 84 내버려두는게 가장 좋아요.
최선의 방법을 제안하는 のが一番いいです 패턴

Day 85 무엇을 준비해야 할지 모르겠어요.
방법을 모르겠다고 말하는 たらいいかわかりません 패턴

Day 86 이 계획에 대해 어떻게 생각해요?
상대방에게 의견을 묻는 についてどう思いますか 패턴

Day 77

추천하는 것을 말하는 がおすすめです 패턴

이 록밴드를 추천해요.

この	+	ロックバンド	+	が おすすめです
이		록밴드를		를 추천해요

다른 사람에게 뭔가를 추천할 때 사용하는 패턴이에요. ～がおすすめです(~를 추천해요) 앞에 화장품, 여행지처럼 추천하고 싶은 것을 넣어 말해 보세요.

 Step 1
패턴이 사용된 문장 따라 말해보기

ダイエットは ささみが おすすめです。
다이어트는　　닭가슴살을　　　추천해요.

上野での 花見が おすすめです。
우에노에서의　벚꽃 구경을　　추천해요.

> 上野는 도쿄의 지명이에요.
> 우에노 공원이 유명해요!

今日は 室内デートが おすすめです。
오늘은　　실내 데이트를　　　추천해요.

冬は この クリームが おすすめです。
겨울에는　이　　크림을　　　추천해요.

風邪は はちみつが おすすめです。
감기에는　　벌꿀을　　　추천해요.

カフェ巡りは 表参道が おすすめです。
카페투어는　　오모테산도를　　추천해요.

> 表参道는 도쿄의 지명이에요.
> 쇼핑, 카페로 유명해요!

ダイエット 다이어트　ささみ 닭가슴살　花見 [はなみ] 벚꽃 구경　室内 [しつない] 실내　デート 데이트　冬 [ふゆ] 겨울
クリーム 크림　風邪 [かぜ] 감기　はちみつ 벌꿀　カフェ巡り [カフェめぐり] 카페 투어

Step 2
이번에는 우리말만 보고 패턴 사용해 문장 말해보기

| 이 록밴드를 추천해요. | この ロックバンドが おすすめです。 |

다이어트는 닭가슴살을 추천해요.

우에노에서의 벚꽃 구경을 추천해요.

오늘은 실내 데이트를 추천해요.

겨울에는 이 크림을 추천해요.

감기에는 벌꿀을 추천해요.

카페 투어는 오모테산도를 추천해요.

Step 3
패턴이 들어간 실제 회화 따라 말해보기

여자친구와 어디에 갈지 고민이라는 상대에게
우에노 공원의 벚꽃을 추천할 때

타나카　週末に 彼女と どこに 行くか 悩んでいます。
주말에 여자 친구와 어디에 갈 지 고민하고 있어요.

스즈키　上野での 花見が おすすめです。
우에노에서의 벚꽃 구경을 추천해요.

타나카　いいですね。ありがとうございます。
좋네요. 고마워요.

彼女 [かのじょ] 여자 친구

Day 78

어떤 것이 중요하다고 말하는 が 大事です 패턴

성격이 중요해요.

性格(せいかく) + が 大事です
성격　　　　　이 중요해요

性格 [せいかく] 성격

중요한 것을 말할 때 사용하는 패턴이에요. ～が 大事です(~이 중요해요) 앞에 성격, 팀워크처럼 중요하다고 생각하는 것을 넣어 말해 보세요.

Step 1
패턴이 사용된 문장 따라 말해보기

自分の 意見が 大事です。
자신의　의견이　중요해요.

よく 寝るのが 大事です。
잘　자는 것이　중요해요.

ストレス 管理が 大事です。
스트레스　관리가　중요해요.

家族と すごす 時間が 大事です。
가족과　보내는　시간이　중요해요.

目標を たてるのが 大事です。
목표를　세우는 것이　중요해요.

チームワークが 大事です。
팀워크가　중요해요.

自分 [じぶん] 자신　意見 [いけん] 의견　寝る [ねる] 2 자다　ストレス 스트레스　管理 [かんり] 관리　すごす 1 보내다
目標 [もくひょう] 목표　たてる 2 세우다　チームワーク 팀워크

Step 2
이번에는 우리말만 보고 패턴 사용해 문장 말해보기

성격이 중요해요.　　性格が 大事です。

자신의 의견이 중요해요.

잘 자는 것이 중요해요.

스트레스 관리가 중요해요.

가족과 보내는 시간이 중요해요.

목표를 세우는 것이 중요해요.

팀워크가 중요해요.

Step 3
패턴이 들어간 실제 회화 따라 말해보기

대학 생활이 바빠서 힘들다는 상대에게
바빠도 잘 자는 것이 중요하다고 말할 때

타나카　大学生活、どうですか？
　　　　대학 생활, 어때요?

스즈키　忙しくて 大変です。
　　　　바빠서 힘들어요.

타나카　忙しくても よく 寝るのが 大事です。
　　　　바빠도 잘 자는 것이 중요해요.

大学 [だいがく] 대학　生活 [せいかつ] 생활

Day 79

하는 게 좋다고 조언하는 たほうがいいです 패턴

병원에 가는 게 좋아요.

病院に + 行く→っ + たほうが いいです
병원에 　　가는 　　　게 좋아요

病院 [びょういん] 병원　行く [いく] 1 가다

다른 사람에게 조언이나 제안을 할 때 사용하는 패턴이에요. ~たほうがいいです(~하는 게 좋아요) 앞에 병원에 가라, 우산을 가지고 가라처럼 조언하는 내용을 넣어 말해 보세요. 이때, たほうがいいです 앞의 동사는 동사 뒤에 た를 붙일 때와 똑같은 방식으로 바꿔서 사용해요!

*た 붙이는 방법은 p.13~15에서 확인할 수 있어요!

 ## Step 1
패턴이 사용된 문장 따라 말해보기

傘を 持って いったほうが いいです。
우산을　가지고　　　가는 게　　　　좋아요.

あそこは 歩いて 行ったほうが いいです。
거기는　　걸어서　　　가는 게　　　좋아요.

スケジュールを 変えたほうが いいです。
스케줄을　　　　바꾸는 게　　　좋아요.

専門家に 相談したほうが いいです。
전문가에게　　상담을 받는 게　　좋아요.

早く 出発したほうが いいです。
일찍　　출발하는 게　　　좋아요.

アプリを アップデートしたほうが いいです。
앱을　　　업데이트하는 게　　　　좋아요.

傘 [かさ] 우산　持つ [もつ] 1 가지다　歩く [あるく] 1 걷다　スケジュール 스케줄　変える [かえる] 2 바꾸다
専門家 [せんもんか] 전문가　相談 [そうだん] 상담　出発 [しゅっぱつ] 출발　アプリ 앱　アップデート 업데이트

Step 2
이번에는 우리말만 보고 패턴 사용해 문장 말해보기

병원에 가는 게 좋아요. 　病院に 行ったほうが いいです。

우산을 가지고 가는 게 좋아요.

거기는 걸어서 가는 게 좋아요.

스케줄을 바꾸는 게 좋아요.

전문가에게 상담을 받는 게 좋아요.

일찍 출발하는 게 좋아요.

앱을 업데이트하는 게 좋아요.

Step 3
패턴이 들어간 실제 회화 따라 말해보기

팝업 스토어에 가는 상대에게
일찍 출발하는 것이 좋다고 조언할 때

타나카　明日、ポップアップストアに 行きますよね。
　　　　내일 팝업 스토어에 가지요?

스즈키　はい、楽しみです。
　　　　네, 기대돼요.

타나카　人が たくさん 来るから 早く 出発したほうが いいです。
　　　　사람이 많이 올 테니까 일찍 출발하는 게 좋아요.

ポップアップストア 팝업 스토어　出発 [しゅっぱつ] 출발

Day 80

조심하라고 조언하는 に気をつけてください 패턴

열사병을 조심하세요.

熱中症(ねっちゅうしょう) [열사병] + に 気(き)をつけてください [을 조심하세요]

熱中症 [ねっちゅうしょう] 열사병

상대방에게 무언가를 조심하라고 조언할 때 사용하는 패턴이에요. ~に気をつけてください(~을 조심하세요) 앞에 열사병, 과음 처럼 조심해야 할 대상을 넣어 말해 보세요.

Step 1
패턴이 사용된 문장 따라 말해보기

車(くるま)に 気(き)をつけてください。
차를   조심하세요.

階段(かいだん)に 気(き)をつけてください。
계단을   조심하세요.

飲(の)みすぎに 気(き)をつけてください。
과음을   조심하세요.

雪道(ゆきみち)に 気(き)をつけてください。
눈길을   조심하세요.

健康(けんこう)に 気(き)をつけてください。
건강을   조심하세요.

夏(なつ)は 生(なま)ものに 気(き)をつけてください。
여름에는 날것을   조심하세요.

車 [くるま] 차   階段 [かいだん] 계단   飲みすぎ [のみすぎ] 과음   雪道 [ゆきみち] 눈길   健康 [けんこう] 건강   夏 [なつ] 여름
生もの [なまもの] 날것

Step 2
이번에는 우리말만 보고 패턴 사용해 문장 말해보기

열사병을 조심하세요.　　　熱中症に 気をつけてください。

차를 조심하세요.

계단을 조심하세요.

과음을 조심하세요.

눈길을 조심하세요.

건강을 조심하세요.

여름에는 날것을 조심하세요.

Step 3
패턴이 들어간 실제 회화 따라 말해보기

💬 오늘 기온이 덥다는 상대에게
더운 날 열사병을 조심하라고 조언할 때

타나카　今日は とても 暑いですね。
오늘은 매우 덥네요.

스즈키　そうですね。34度だそうです。
그러네요. 34도라고 해요.

타나카　熱中症に 気をつけてください。
열사병을 조심하세요.

暑い [あつい] 덥다

Day 81

하지 않는게 좋다고 조언하는 ないほうがいいです 패턴

말하지 않는 게 좋아요.

말하 + 지 않는 게 좋아요

言う [いう] 1 말하다

하지 않는 것이 좋다고 조언할 때 사용하는 패턴이에요. ～ないほうがいいです(~하지 않는 게 좋아요) 앞에 말하는 것이나 먹는 것처럼 하지 않는게 좋겠다고 생각되는 일을 넣어 말해 보세요. 이때, ないほうがいいです 앞의 동사는 동사 뒤에 ない를 붙일 때와 똑같은 방식으로 바꿔서 사용해요!

*ない 붙이는 방법은 p.13~15에서 확인할 수 있어요!

 Step 1
패턴이 사용된 문장 따라 말해보기

近づか**ないほうが いいです**。
가까이 가지 않는 게　　　좋아요.

夜遅く 食べ**ないほうが いいです**。
밤늦게　　먹지 않는 게　　　좋아요.

こんな メールは 開か**ないほうが いいです**。
이런　　메일은　　열지 않는 게　　　좋아요.

あの 人と 関わら**ないほうが いいです**。
저　사람과　얽히지 않는 게　　　좋아요.

片想いは し**ないほうが いいです**。
짝사랑은　하지 않는 게　　　좋아요.

寝る 前に コーヒーを 飲ま**ないほうが いいです**。
자기　전에　커피를　　마시지 않는 게　　　좋아요.

近づく [ちかづく] 1 가까이 가다　夜遅く [よるおそく] 밤늦게　開く [ひらく] 1 열다　関わる [かかわる] 1 얽히다
片想い [かたおもい] 짝사랑　寝る [ねる] 2 자다　前 [まえ] 전　コーヒー 커피　飲む [のむ] 1 마시다

Step 2
이번에는 우리말만 보고 패턴 사용해 문장 말해보기

| 말하지 않는 게 좋아요. | 言わないほうが いいです。 |

가까이 가지 않는 게 좋아요.

밤늦게 먹지 않는 게 좋아요.

이런 메일은 열지 않는 게 좋아요.

저 사람과 얽히지 않는 게 좋아요.

짝사랑은 하지 않는 게 좋아요.

자기 전에 커피를 마시지 않는 게 좋아요.

Step 3
패턴이 들어간 실제 회화 따라 말해보기

다이어트 중이라고 하는 상대에게
밤 늦게 먹지 않는 게 좋겠다고 말할 때

타나카 夜食で この ケーキ 食べませんか。
야식으로 이 케이크 먹지 않을래요?

스즈키 私、今 ダイエット中です。
저, 지금 다이어트 중이에요.

타나카 そうですか。じゃ、夜遅く 食べないほうが いいです。
그래요? 그럼, 밤늦게 먹지 않는 게 좋아요.

夜食 [やしょく] 야식   ケーキ 케이크

Day 82
큰 의미가 없다고 말하는 に過ぎません 패턴
개인적인 의견일 뿐이에요.

個人的な + 意見 + に過ぎません
개인적인   의견   일 뿐이에요

個人的だ [こじんてきだ] 개인적이다   意見 [いけん] 의견

어떤 일이나 상황이 큰 의미가 없거나 대수롭지 않다고 말할 때 사용하는 패턴이에요. ~に過ぎません(~일 뿐이에요) 앞에 개인적인 의견이나 소문처럼 그저 그런 대상이나 상황을 넣어 말해 보세요.

Step 1
패턴이 사용된 문장 따라 말해보기

うわさに 過ぎません。
소문일   뿐이에요.

それは 偶然に 過ぎません。
그건   우연일   뿐이에요.

始まりに 過ぎません。
시작일   뿐이에요.

彼は 友だちに 過ぎません。
그는 친구일   뿐이에요.

この 話は 想像に 過ぎません。
이   이야기는 상상일   뿐이에요.

一時的な 問題に 過ぎません。
일시적인   문제일   뿐이에요.

うわさ 소문   偶然 [ぐうぜん] 우연   始まり [はじまり] 시작   想像 [そうぞう] 상상   一時的だ [いちじてきだ] 일시적이다
問題 [もんだい] 문제

Step 2
이번에는 우리말만 보고 패턴 사용해 문장 말해보기

개인적인 의견일 뿐이에요.　　　個人的な 意見に 過ぎません。

소문일 뿐이에요.

그건 우연일 뿐이에요.

시작일 뿐이에요.

그는 친구일 뿐이에요.

이 이야기는 상상일 뿐이에요.

일시적인 문제일 뿐이에요.

Step 3
패턴이 들어간 실제 회화 따라 말해보기

> 뉴스가 진짜인지 묻는 상대에게
> **큰 의미 없는 소문일 뿐이라고 답할 때**

타나카　　この ニュース、本当ですか。
　　　　　이 뉴스, 진짜예요?

스즈키　　うわさに 過ぎません。心配しないでください。
　　　　　소문일 뿐이에요. 걱정하지 마세요.

타나카　　でも 少し 怖いですね。
　　　　　그래도 조금 무섭네요.

ニュース 뉴스　少し [すこし] 조금　怖い [こわい] 무섭다

Day 83

소용없다고 말하는 てもしょうがないです 패턴

화를 내도 소용없어요.

 + **ても しょうがないです**

화를 내   도 소용없어요

怒る [おこる] 1 화를 내다

어떤 일을 해도 소용없고 어쩔 수 없다고 말할 때 사용하는 패턴이에요. ~てもしょうがないです(~해도 소용없어요) 앞에 화를 내거나 걱정하는 것처럼 해도 소용없는 일을 넣어 말해 보세요. 이때, てもしょうがないです 앞의 동사는 동사 뒤에 て를 붙일 때와 똑같은 방식으로 바꿔서 사용해요!
*て 붙이는 방법은 p.13~15에서 확인할 수 있어요!

 Step 1
패턴이 사용된 문장 따라 말해보기

今さら 心配しても しょうがないです。
이제 와서   걱정해도   소용없어요.

文句を 言っても しょうがないです。
불평을   해도   소용없어요.

> 일본에서는 '불평을 하다'를 文句を言う
> (불평을 말하다)라고 표현해요!

期待しても しょうがないです。
기대해도   소용없어요.

後悔しても しょうがないです。
후회해도   소용없어요.

終わった ことを 悩んでも しょうがないです。
끝난   일을   고민해도   소용없어요.

早く 来ても しょうがないです。
일찍   와도   소용없어요.

今更 [いまさら] 이제 와서   心配 [しんぱい] 걱정   文句を言う [もんくをいう] 1 불평을 하다   期待 [きたい] 기대
後悔 [こうかい] 후회   終わる [おわる] 1 끝나다   悩む [なやむ] 1 고민하다   早く [はやく] 일찍

Step 2
이번에는 우리말만 보고 패턴 사용해 문장 말해보기

화를 내도 소용없어요.　　怒っても しょうがないです。

이제 와서 걱정해도 소용없어요.

불평을 해도 소용없어요.

기대해도 소용없어요.

후회해도 소용없어요.

끝난 일을 고민해도 소용없어요.

일찍 와도 소용없어요.

Step 3
패턴이 들어간 실제 회화 따라 말해보기

> 시험에서 떨어질 것 같다는 상대에게

이미 끝난 일이라 고민해도 소용없다고 말할 때

타나카　　試験に 落ちそうです。
시험에 떨어질 것 같아요.

스즈키　　もう 終わった ことを 悩んでも しょうがないです。
이미 끝난 일을 고민해도 소용없어요.

타나카　　それも そうですね。
그것도 그렇네요.

試験 [しけん] 시험　落ちる [おちる] 2 떨어지다

Day 84

최선의 방법을 제안하는 のが一番いいです 패턴

내버려두는 게 가장 좋아요.

ほっておく (내버려두) + のが 一番 いいです (는 게 가장 좋아요)

ほっておく 1 내버려두다

여러 방법 중 가장 최선의 방법을 제안할 때 사용하는 패턴이에요. ~のが一番です(~하는 게 가장 좋아요) 앞에 내버려두는 것이나 솔직하게 사과하는 것처럼 가장 좋다고 생각되는 방법을 넣어 말해보세요.

Step 1

패턴이 사용된 문장 따라 말해보기

直接 会って 謝るのが 一番 いいです。
직접 만나서 사과하는 게 가장 좋아요.

オンラインで 申し込むのが 一番 いいです。
온라인으로 신청하는 게 가장 좋아요.

正直に みとめるのが 一番 いいです。
솔직하게 인정하는 게 가장 좋아요.

無視するのが 一番 いいです。
무시하는 게 가장 좋아요.

毎日 少しでも 勉強するのが 一番 いいです。
매일 조금이라도 공부하는 게 가장 좋아요.

東京は 春に 来るのが 一番 いいです。
도쿄는 봄에 오는 게 가장 좋아요.

直接 [ちょくせつ] 직접   謝る [あやまる] 1 사과하다   オンライン 온라인   申し込む [もうしこむ] 1 신청하다
正直だ [しょうじきだ] 솔직하다   みとめる 2 인정하다   無視 [むし] 무시   勉強 [べんきょう] 공부   春 [はる] 봄

Step 2
이번에는 우리말만 보고 패턴 사용해 문장 말해보기

내버려두는 게 가장 좋아요. ほっておくのが 一番 いいです。

직접 만나서 사과하는 게 가장 좋아요.

온라인으로 신청하는 게 가장 좋아요.

솔직하게 인정하는 게 가장 좋아요.

무시하는 게 가장 좋아요.

매일 조금이라도 공부하는 게 가장 좋아요.

도쿄는 봄에 오는 게 가장 좋아요.

Step 3
패턴이 들어간 실제 회화 따라 말해보기

일본어 공부 방법을 묻는 상대에게
최선의 방법을 제안할 때

타나카　日本語の 勉強法、アドバイス ありますか。
　　　　일본어 공부법, 조언 있나요?

스즈키　毎日 少しでも 勉強するのが 一番 いいです。
　　　　매일 조금이라도 공부하는 게 가장 좋아요.

타나카　でも、それが 一番 難しいですね。
　　　　근데, 그게 가장 어렵네요.

勉強法 [べんきょうほう] 공부법　アドバイス 조언　難しい [むずかしい] 어렵다

Day 85

방법을 모르겠다고 말하는 たらいいかわかりません 패턴

무엇을 준비해야 할지 모르겠어요.

何を (무엇을) + 準備する→し (준비해) + たら いいか わかりません (야 할지 모르겠어요)

準備 [じゅんび] 준비

어떻게 해야 할지 방법을 모르거나 확신이 없을 때 사용하는 패턴이에요. ~たらいいかわかりません(~해야 할지 모르겠어요) 앞에 준비할 사항이나 가야할 방향 등 어떻게 할지 고민되는 일을 넣어 말해보세요. 이때, たらいいかわかりません 앞의 동사는 동사 뒤에 た를 붙일 때와 똑같은 방식으로 바꿔서 사용해요!
*た 붙이는 방법은 p.13~15에서 확인할 수 있어요!

Step 1
패턴이 사용된 문장 따라 말해보기

上司に どう 伝えたら いいか わかりません。
상사에게 어떻게 전해야 할지 모르겠어요.

どこから 始めたら いいか わかりません。
어디부터 시작해야 할지 모르겠어요.

プレゼントを 何に したら いいか わかりません。
선물을 무엇으로 해야 할지 모르겠어요.

どっちに 行ったら いいか わかりません。
어느 쪽으로 가야 할지 모르겠어요.

福岡で 何を 食べたら いいか わかりません。
후쿠오카에서 무엇을 먹어야 할지 모르겠어요.

この 漢字を どう 読んだら いいか わかりません。
이 한자를 어떻게 읽어야 할지 모르겠어요.

上司 [じょうし] 상사   伝える [つたえる] 2 전하다   始める [はじめる] 2 시작하다   プレゼント 선물   食べる [たべる] 2 먹다
漢字 [かんじ] 한자   読む [よむ] 1 읽다

Step 2
이번에는 우리말만 보고 패턴 사용해 문장 말해보기

무엇을 준비해야 할지 모르겠어요. 何を 準備したら いいか わかりません。

상사에게 어떻게 전해야 할지 모르겠어요.

어디부터 시작해야 할지 모르겠어요.

선물을 무엇으로 해야 할지 모르겠어요.

어느 쪽으로 가야 할지 모르겠어요.

후쿠오카에서 무엇을 먹어야 할지 모르겠어요.

이 한자를 어떻게 읽어야 할지 모르겠어요.

Step 3
패턴이 들어간 실제 회화 따라 말해보기

면접 준비가 잘 되었는지 묻는 상대에게
어떻게 준비할지 방법을 모르겠다고 말할 때

타나카　**明日、面接が あります。**
내일, 면접이 있어요.

스즈키　**準備は できましたか?**
준비는 됐나요?

타나카　**いいえ、何を 準備したら いいか わかりません。**
아니요, 무엇을 준비해야 할지 모르겠어요.

面接 [めんせつ] 면접

Day 86

상대방에게 의견을 묻는 についてどう思いますか 패턴

이 계획에 대해 어떻게 생각해요?

この + 計画(けいかく) + に ついて どう 思(おも)いますか
이   계획   에 대해 어떻게 생각해요?

計画[けいかく] 계획

어떤 것, 혹은 어떤 일이나 사건에 대해 상대방에게 의견을 물을 때 사용하는 패턴이에요. ~についてどう思いますか(~에 대해 어떻게 생각해요?) 앞에 계획, 가격처럼 의견을 묻고 싶은 일을 넣어 말해보세요.

Step 1
패턴이 사용된 문장 따라 말해보기

この 値段(ねだん)に ついて どう 思(おも)いますか。
이   가격에   대해   어떻게   생각해요?

衝動買(しょうどうが)いに ついて どう 思(おも)いますか。
충동구매에   대해   어떻게   생각해요?

ここの ピザに ついて どう 思(おも)いますか。
이곳의   피자에   대해   어떻게   생각해요?

AIに ついて どう 思(おも)いますか。
AI에   대해   어떻게   생각해요?

あの 新人(しんじん)に ついて どう 思(おも)いますか。
그   신입사원에   대해   어떻게   생각해요?

時間割(じかんわり)に ついて どう 思(おも)いますか。
시간표에   대해   어떻게   생각해요?

値段[ねだん] 가격   衝動買い[しょうどうがい] 충동구매   ピザ 피자   新人[しんじん] 신입사원   時間割[じかんわり] 시간표

Step 2
이번에는 우리말만 보고 패턴 사용해 문장 말해보기

이 계획에 대해 어떻게 생각해요? この 計画に ついて どう 思いますか。

이 가격에 대해 어떻게 생각해요?

충동구매에 대해 어떻게 생각해요?

이곳의 피자에 대해 어떻게 생각해요?

AI에 대해 어떻게 생각해요?

그 신입사원에 대해 어떻게 생각해요?

시간표에 대해 어떻게 생각해요?

Step 3
패턴이 들어간 실제 회화 따라 말해보기

같이 피자를 먹으러 온 상대에게
맛이 어떤지 의견을 물을 때

타나카　ここの ピザに ついて どう 思いますか。
　　　　이곳의 피자에 대해 어떻게 생각해요?

스즈키　おいしいですね。また 来たいです。
　　　　맛있네요. 또 오고 싶어요.

타나카　でしょう? ここ、私が 昔から 大好きな お店ですよ。
　　　　그렇죠? 여기, 제가 옛날부터 정말 좋아하는 가게예요.

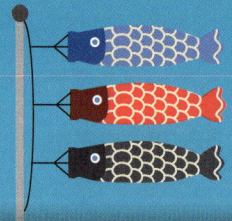

일본어도 역시, **해커스일본어**
japan.Hackers.com

12장
추측해서 말하는 패턴

해커스 일본어회화 10분의 기적
패턴으로 말하기

Day 87 그는 피곤한 것 같아요.
나의 추측을 전하는 みたいです 패턴

Day 88 그녀는 분명 올 거예요.
확신을 가지고 말하는 はずです 패턴

Day 89 재택근무를 할 수 있을지도 몰라요.
할 수 있을지도 모른다고 말하는 ができるかもしれません 패턴

Day 90 장마가 끝날 것 같지 않아요.
끝날 것 같지 않다고 말하는 が終わりそうにないです 패턴

Day 91 그렇게 비쌀 리가 없어요.
가능성이 없다고 말하는 はずがないです 패턴

Day 92 중고차라고는 생각되지 않아요.
믿기지 않는 일에 대해 말하는 とは思えません 패턴

Day 93 취소가 될 때도 있어요.
때때로 일어나기도 하는 일을 말하는 時もあります 패턴

Day 87

나의 추측을 전하는 みたいです 패턴

그는 피곤한 것 같아요.

彼は + 疲れている + みたいです
그는   피곤한   것 같아요

疲れる [つかれる] 2 피곤하다

무언가를 보거나 듣고 추측할 때 또는 자신이 느낀 인상을 전할 때 사용하는 패턴이에요. ~みたいです(~한 것 같아요) 앞에 피곤함, 위험함처럼 어떤 것에 대해 자신이 느끼거나 추측한 내용을 넣어 말해 보세요. 이때, みたいです 앞에는 명사, 형용사, 동사가 모두 올 수 있어요!

 Step 1
패턴이 사용된 문장 따라 말해보기

あの 人は 日本人みたいです。
저   사람은 일본인인 것 같아요.

彼女が 部長に なるみたいです。
그녀가 부장이   될 것 같아요.

彼は 今日 休みみたいです。
그는 오늘   휴가인 것 같아요.

その プールは あぶないみたいです。
그   수영장은   위험한 것 같아요.

あの 二人 付き合って いるみたいです。
저   두 사람 사귀고   있는 것 같아요.

もう 冬みたいです。
벌써 겨울인 것 같아요.

日本人 [にほんじん] 일본인   部長 [ぶちょう] 부장   なる 1 되다   休み [やすみ] 휴가   プール 수영장   あぶない 위험하다
付き合う [つきあう] 1 사귀다   もう 벌써   冬 [ふゆ] 겨울

Step 2
이번에는 우리말만 보고 패턴 사용해 문장 말해보기

| 그는 피곤한 것 같아요. | 彼は 疲れているみたいです。 |

| 저 사람은 일본인인 것 같아요. | |

| 그녀가 부장이 될 것 같아요. | |

| 그는 오늘 휴가인 것 같아요. | |

| 그 수영장은 위험한 것 같아요. | |

| 저 두 사람 사귀고 있는 것 같아요. | |

| 벌써 겨울인 것 같아요. | |

Step 3
패턴이 들어간 실제 회화 따라 말해보기

같이 걸어가고 있는 두 사람을 보고
두 사람이 사귀는 것 같다고 추측을 말할 때

타나카　あそこの 木村さんの となりに いる 人、誰ですか。
저기 키무라 씨 옆에 있는 사람, 누구예요?

스즈키　高橋さんですね。人事部の。
다카하시 씨네요. 인사팀의.

타나카　あの 二人 付き合って いるみたいですね。
저 두 사람 사귀고 있는 것 같네요.

となり 옆　人事部 [じんじぶ] 인사팀

Day 88

확신을 가지고 말하는 はずです 패턴

그녀는 분명 올 거예요.

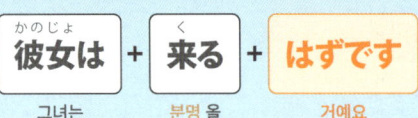

彼女は + 来る + はずです
그녀는   분명 올   거예요

확신을 가지고 어떤 일이 일어날 것이라고 예상할 때 사용하는 패턴이에요. ~はずです(분명 ~할 거예요) 앞에 승리, 합격처럼 확신하는 일을 넣어 말해 보세요.

Step 1
패턴이 사용된 문장 따라 말해보기

うちの チームが 勝つはずです。
우리   팀이   분명 이길 거예요.

あの バスが 空港まで 行くはずです。
저   버스가 공항까지 분명 갈 거예요.

彼は 合格するはずです。
그는   분명 합격할 거예요.

約束時間に 間に合うはずです。
약속 시간에   분명 늦지 않을 거예요.

これは バズるはずです。
이건   분명 화제가 될 거예요.

> バズる는 '인터넷 상에서 화제가 되다'라는 의미의 신조어예요!

田中さんは まだ 会社に いるはずです。
타나카 씨는 아직   회사에 분명 있을 거예요.

うち 우리　チーム 팀　勝つ [かつ] 1 이기다　空港 [くうこう] 공항　合格 [ごうかく] 합격
間に合う [まにあう] 1 늦지않다, 시간에 맞다　バズる 화제가 되다

Step 2
이번에는 우리말만 보고 패턴 사용해 문장 말해보기

그녀는 분명 올 거예요. 　　彼女は 来るはずです。

우리 팀이 분명 이길 거예요.

저 버스가 공항까지 분명 갈 거예요.

그는 분명 합격할 거예요.

약속 시간에 분명 늦지 않을 거예요.

이건 분명 화제가 될 거예요.

타나카 씨는 아직 회사에 분명 있을 거예요.

Step 3
패턴이 들어간 실제 회화 따라 말해보기

💬 공항에 어떻게 가는지 묻는 상대에게
저 버스가 갈 거라고 확신을 가지고 말할 때

타나카　　すみません。空港まで どうやって 行きますか。
　　　　　실례합니다. 공항까지 어떻게 가나요?

스즈키　　あの バスが 空港まで 行くはずです。
　　　　　저 버스가 공항까지 분명 갈 거예요.

타나카　　ありがとうございます。
　　　　　감사합니다.

Day 89

할 수 있을지도 모른다고 말하는 が できるかもしれません 패턴

재택근무를 할 수 있을지도 몰라요.

リモートワーク + が できるかもしれません
재택근무   를 할 수 있을지도 몰라요

リモートワーク 재택근무

어떤 행동이나 일을 할 가능성이 있다고 말할 때 사용하는 패턴이에요. ~ができるかもしれません (~를 할 수 있을지도 몰라요) 앞에 재택근무, 교환처럼 할 가능성이 있는 행동을 넣어 말해 보세요.

 Step 1
패턴이 사용된 문장 따라 말해보기

この ぐらいは 修(しゅう)理(り)が できるかもしれません。
이   정도는   수리를   할 수 있을지도 몰라요.

週(しゅう)末(まつ)も 本(ほん)の 返(へん)却(きゃく)が できるかもしれません。
주말에도 책   반납을   할 수 있을지도 몰라요.

新しい ものに 交(こう)換(かん)が できるかもしれません。
새   것으로   교환을   할 수 있을지도 몰라요.

残(のこ)りは お持(も)ち帰(かえ)りが できるかもしれません。
남은 건   포장을   할 수 있을지도 몰라요.

彼(かれ)と 一(いっ)緒(しょ)に プロジェクトが できるかもしれません。
그와   함께   프로젝트를   할 수 있을지도 몰라요.

早(はや)めに チェックインが できるかもしれません。
일찍   체크인을   할 수 있을지도 몰라요.

修理 [しゅうり] 수리 本 [ほん] 책 返却 [へんきゃく] 반납 交換 [こうかん] 교환 残り [のこり] 남은 것
お持ち帰り [おもちかえり] 포장 プロジェクト 프로젝트 早めに [はやめに] 일찍 チェックイン 체크인

Step 2
이번에는 우리말만 보고 패턴 사용해 문장 말해보기

재택근무를 할 수 있을지도 몰라요. リモートワークが できるかもしれません。

이 정도는 수리를 할 수 있을지도 몰라요.

주말에도 책 반납을 할 수 있을지도 몰라요.

새것으로 교환을 할 수 있을지도 몰라요.

남은 건 포장을 할 수 있을지도 몰라요.

그와 함께 프로젝트를 할 수 있을지도 몰라요.

일찍 체크인을 할 수 있을지도 몰라요.

Step 3
패턴이 들어간 실제 회화 따라 말해보기

스마트폰을 떨어뜨렸다는 상대에게
수리가 될 가능성이 있다고 말할 때

타나카　スマホを 落として しまいました。
스마트폰을 떨어뜨려 버렸어요.

스즈키　え、でも この ぐらいは 修理が できるかもしれません。
어, 그래도 이 정도는 수리를 할 수 있을지도 몰라요.

타나카　そうですか。明日 修理しに 行って みます。
그래요? 내일 수리하러 가 볼게요.

落とす [おとす] 떨어뜨리다

Day 90

끝날 것 같지 않다고 말하는 が終わりそうにないです 패턴

장마가 끝날 것 같지 않아요.

梅雨(つゆ) + が 終(お)わりそうにないです
장마 / 가 끝날 것 같지 않아요

梅雨 [つゆ] 장마

어떤 일이나 상황이 쉽게 끝날 것 같지 않다고 느낄 때 사용하는 패턴이에요. ~が終わりそうにないです(~가 끝날 것 같지 않아요) 앞에 장마, 수업처럼 끝나지 않을 것 같은 상황이나 일을 넣어 말해 보세요.

Step 1
패턴이 사용된 문장 따라 말해보기

授業(じゅぎょう)が 終(お)わりそうにないです。
수업이 　　　 끝날 것 같지 않아요.

仕事(しごと)が 終(お)わりそうにないです。
일이 　　　 끝날 것 같지 않아요.

夏(なつ)が 終(お)わりそうにないです。
여름이 　　　 끝날 것 같지 않아요.

トンネルが 終(お)わりそうにないです。
터널이 　　　 끝날 것 같지 않아요.

洗(あら)い物(もの)が 終(お)わりそうにないです。
설거지가 　　　 끝날 것 같지 않아요.

6回裏(かいうら)が 終(お)わりそうにないです。
6회말이 　　　 끝날 것 같지 않아요.

授業 [じゅぎょう] 수업 仕事 [しごと] 일 夏 [なつ] 여름 トンネル 터널 洗い物 [あらいもの] 설거지
裏 [うら] 말 (야구에서 먼저 공격한 팀이 수비를 하게 되는 차례)

Step 2
이번에는 우리말만 보고 패턴 사용해 문장 말해보기

장마가 끝날 것 같지 않아요.　　梅雨が 終わりそうにないです。

수업이 끝날 것 같지 않아요.

일이 끝날 것 같지 않아요.

여름이 끝날 것 같지 않아요.

터널이 끝날 것 같지 않아요.

설거지가 끝날 것 같지 않아요.

6회말이 끝날 것 같지 않아요.

Step 3
패턴이 들어간 실제 회화 따라 말해보기

운전 중인 상대에게
길이 막혀 터널이 끝날 것 같지 않다고 말할 때

타나카　すごく 混んでますね。
엄청 막히네요.

스즈키　事故が あったみたいです。
사고가 있었던 것 같아요.

타나카　渋滞で 本当に トンネルが 終わりそうにないです。
정체 때문에 정말 터널이 끝날 것 같지 않아요.

混む [こむ] 막히다　事故 [じこ] 사고　渋滞 [じゅうたい] 정체

Day 91

가능성이 없다고 말하는 はずがないです 패턴

그렇게 비쌀 리가 없어요.

そんなに + 高い + はずがないです
그렇게 / 비쌀 / 리가 없어요

高い [たかい] 비싸다

어떤 일이 일어날 가능성이 없다고 확신할 때 사용하는 패턴이에요. ~はずがないです(~할 리가 없어요) 앞에 복권 당첨, 지나친 가격처럼 불가능하거나 말이 안 된다고 생각하는 내용을 넣어 말해 보세요.

Step 1
패턴이 사용된 문장 따라 말해보기

宝くじに あたるはずがないです。
복권에 당첨될 리가 없어요.

彼が ミスを するはずがないです。
그가 실수를 할 리가 없어요.

東南アジアが 寒いはずがないです。
동남아가 추울 리가 없어요.

結婚記念日を 忘れるはずがないです。
결혼기념일을 잊어버릴 리가 없어요.

これで よっぱらうはずがないです。
이걸로 취할 리가 없어요.

1日で 届くはずがないです。
하루만에 도착할 리가 없어요.

> 조사 ~で(~에서, 으로)가 시간 표현 뒤에 오면 '~안에'라는 뜻으로도 사용할 수 있어요!

宝くじ [たからくじ] 복권   当たる [あたる] 1 당첨되다   ミス 실수   東南アジア [とうなんアジア] 동남아시아
結婚記念日 [けっこんきねんび] 결혼기념일   よっぱらう 1 취하다   届く [とどく] 1 도착하다

Step 2
이번에는 우리말만 보고 패턴 사용해 문장 말해보기

그렇게 비쌀 리가 없어요.　　そんなに　高いはずがないです。

복권에 당첨될 리가 없어요.

그가 실수를 할 리가 없어요.

동남아가 추울 리가 없어요.

결혼기념일을 잊어버릴 리가 없어요.

이걸로 취할 리가 없어요.

하루만에 도착할 리가 없어요.

Step 3
패턴이 들어간 실제 회화 따라 말해보기

물건이 비싼 것 같다고 말하는 상대에게
비쌀 리가 없다고 확신하며 말할 때

타나카　これ　いいですね。でも　10万円は　高すぎ…。
이거 좋네요. 그런데 10만 엔은 너무 비싸….

스즈키　そんなに　高いはずがないです。ほら、1万円ですよ。
그렇게 비쌀 리가 없어요. 봐요, 1만 엔이에요.

타나카　あ、10万円は　となりの　ものですね。
아, 10만 엔은 옆의 것이네요.

Day 92

믿기지 않는 일에 대해 말하는 とは思えません 패턴

중고차라고는 생각되지 않아요.

中古車 + とは 思えません
중고차   라고는 생각되지 않아요

中古車 [ちゅうこしゃ] 중고차

자신이 보거나 들은 정보가 믿기지 않을 때 사용하는 패턴이에요. 부정적인 평가를 내릴 때도 사용할 수 있어요. ~とは思えません (~라고는 생각되지 않아요) 앞에 중고차, 초보처럼 그렇게 보이지 않거나 믿기 어려운 내용을 넣어 말해 보세요.

 Step 1
패턴이 사용된 문장 따라 말해보기

まだ 6月とは 思えません。
아직 6월이라고는 생각되지 않아요.

初心者とは 思えません。
초보라고는 생각되지 않아요.

これは CGとは 思えません。
이건 CG라고는 생각되지 않아요.

スタイルが 50代とは 思えません。
스타일이 50대라고는 생각되지 않아요.

両親が 賛成するとは 思えません。
부모님이 찬성할 거라고는 생각되지 않아요.

私が できるとは 思えません。
제가 할 수 있을 거라고는 생각되지 않아요.

6月 [ろくがつ] 6월 初心者 [しょしんしゃ] 초보 スタイル 스타일 ~代 [~だい] ~대 両親 [りょうしん] 부모님 賛成 [さんせい] 찬성

Step 2
이번에는 우리말만 보고 패턴 사용해 문장 말해보기

중고차라고는 생각되지 않아요. 　中古車とは 思えません

아직 6월이라고는 생각되지 않아요.

초보라고는 생각되지 않아요.

이건 CG라고는 생각되지 않아요.

스타일이 50대라고는 생각되지 않아요.

부모님이 찬성할 거라고는 생각되지 않아요.

제가 할 수 있을 거라고는 생각되지 않아요.

Step 3
패턴이 들어간 실제 회화 따라 말해보기

너무 덥다고 말하는 상대에게
믿기지 않을 정도로 덥다고 말할 때

타나카　今日 本当に 暑いですね。
　　　　오늘 정말 덥네요.

스즈키　まだ 6月とは 思えません。
　　　　아직 6월이라고는 생각되지 않아요.

타나카　真夏は どんなに 暑いか 心配ですね。
　　　　한여름에는 얼마나 더울지 걱정이네요.

真夏 [まなつ] 한여름

Day 93
취소가 될 때도 있어요.

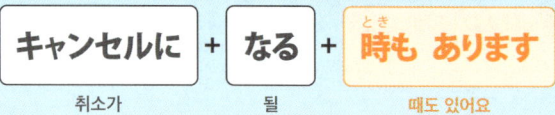

キャンセル 취소

때때로 일어나기도 하는 일에 대해 말할 때 사용하는 패턴이에요. **~時もあります**(~할 때도 있어요) 앞에 취소나 싸움처럼 가끔 일어날 법한 일을 넣어 말해보세요.

Step 1
패턴이 사용된 문장 따라 말해보기

姉と けんかする 時も あります。
언니와 싸울 때도 있어요.

出張に 行く 時も あります。
출장을 갈 때도 있어요.

客が いない 時も あります。
손님이 없을 때도 있어요.

乗り物よいを する 時も あります。
멀미를 할 때도 있어요.

アンコールが ない 時も あります。
앙코르가 없을 때도 있어요.

急上昇に 乗る 時も あります。
인급동에 올라갈 때도 있어요.

> 急上昇는 직역하면 '급상승'이지만 최근에는 유튜브의 '인기 급상승 동영상'을 가리키는 경우가 많아요!

姉 [あね] 언니   けんか 싸움   出張 [しゅっちょう] 출장   客 [きゃく] 손님   乗り物酔い [のりものよい] 멀미
アンコール 앙코르   急上昇 [きゅうじょうしょう] 인급동(유튜브 인기 급상승 동영상)   乗る [のる] 1 올라가다

Step 2
이번에는 우리말만 보고 패턴 사용해 문장 말해보기

| 취소가 될 때도 있어요. | キャンセルに なる 時も あります。 |

언니와 싸울 때도 있어요.

출장을 갈 때도 있어요.

손님이 없을 때도 있어요.

멀미를 할 때도 있어요.

앙코르가 없을 때도 있어요.

인급동에 올라갈 때도 있어요.

Step 3
패턴이 들어간 실제 회화 따라 말해보기

💬 좋아하는 유튜버에 대해 묻는 상대에게
때때로 그의 동영상이 인급동에 올라가기도 한다고 말할 때

타나카　鈴木さんが 好きな ユーチューバー、登録者何人ですか。
　　　　스즈키 씨가 좋아하는 유튜버, 구독자 몇 명이죠?

스즈키　100万人です。動画が 急上昇に 乗る 時も あります。
　　　　100만 명이에요. 동영상이 인급동에 올라갈 때도 있어요.

타나카　3か月前は 10万人だったのに、すごいですね。
　　　　3개월 전에는 10만 명이었는데, 대단하네요.

登録者 [とうろくしゃ] (유튜브의) 구독자

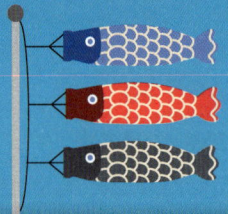

일본어도 역시, **해커스일본어**
japan.Hackers.com

13장

조건과 이유를 묻고 답하는 패턴

해커스 일본어회화 10분의 기적
패턴으로 말하기

Day 94 3시라면 괜찮아요.
가능한 조건을 말하는 なら大丈夫です 패턴

Day 95 문제가 있으면 알려 주세요.
어떤 일이 일어나면 알려달라고 부탁하는 たら教えてください 패턴

Day 96 산다면 초코맛을 사고 싶어요.
어떤 일이 일어났을 때 하고 싶은 일을 말하는 としたら~たいです 패턴

Day 97 왜 모임에 안 왔어요?
하지 않은 행동의 이유를 묻는 どうして~ましたか 패턴

Day 98 왜 낭비라고 생각해요?
의견의 근거를 묻는 どうして~と思いますか 패턴

Day 99 비가 오기 때문이에요.
이유를 말하는 からです 패턴

Day 100 왜 바쁜 건지 모르겠어요.
이유를 모르겠다고 말하는 どうして~かわかりません 패턴

Day 94

가능한 조건을 말하는 なら大丈夫です 패턴

3시라면 괜찮아요.

3時 + なら 大丈夫です
3시   라면 괜찮아요

어떤 조건이 충족되면 문제가 없거나 가능하다고 말할 때 사용하는 패턴이에요. ~なら大丈夫です(~라면 괜찮아요) 앞에 특정 시간, 요일처럼 가능하다고 생각하는 조건을 넣어 말해 보세요.

 Step 1
패턴이 사용된 문장 따라 말해보기

あなたなら 大丈夫です。
당신이라면   괜찮아요.

この サイズなら 大丈夫です。
이   사이즈라면   괜찮아요.

車で 来るなら 大丈夫です。
차로   온다면   괜찮아요.

保護者と 一緒なら 大丈夫です。
보호자와   함께라면   괜찮아요.

月曜日までに 出すなら 大丈夫です。
월요일까지   낸다면   괜찮아요.

賞味期限を すぎてないなら 大丈夫です。
유통기한이   지나지 않았다면   괜찮아요.

サイズ 사이즈   保護者 [ほごしゃ] 보호자   一緒 [いっしょ] 함께   月曜日 [げつようび] 월요일   出す [だす] 1 내다
賞味期限 [しょうみきげん] 유통기한   すぎる 2 지나다

Step 2
이번에는 우리말만 보고 패턴 사용해 문장 말해보기

3시라면 괜찮아요.   3時なら 大丈夫です。

당신이라면 괜찮아요.

이 사이즈라면 괜찮아요.

차로 온다면 괜찮아요.

보호자와 함께라면 괜찮아요.

월요일까지 낸다면 괜찮아요.

유통기한이 지나지 않았다면 괜찮아요.

Step 3
패턴이 들어간 실제 회화 따라 말해보기

💬 제출이 늦어졌다는 상대에게
월요일까지 제출이 가능하다고 말할 때

타나카　金曜日までに 提出できないと 思います。
　　　　금요일까지 제출할 수 없을 것 같아요.

스즈키　申込書は 月曜日までに 出すなら 大丈夫です。
　　　　신청서는 월요일까지 낸다면 괜찮아요.

타나카　ありがとうございます。
　　　　감사합니다.

> '~と思います'는 '~라고 생각해요'라는 뜻이지만 나의 판단을 말할 때 '~것 같아요'라는 뜻으로도 사용해요!

金曜日 [きんようび] 금요일   提出 [ていしゅつ] 제출   申込書 [もうしこみしょ] 신청서

Day 95

어떤 일이 일어나면 알려달라고 부탁하는 たら 教えてください 패턴

문제가 있으면 알려 주세요.

 +  + たら 教えてください
문제가   있으   면 알려 주세요

問題 [もんだい] 문제

어떤 일이 일어나면 알려달라고 부탁할 때 사용하는 패턴이에요. ~たら 教えてください(~하면 알려주세요) 앞에 문제가 있는지, 준비가 끝났는지처럼 알고 싶은 상황이나 조건을 넣어 말해 보세요. 이때, たら 教えてください 앞의 동사는 동사 뒤에 た를 붙일 때와 똑같은 방식으로 바꿔서 사용해요!
*た 붙이는 방법은 p.13~15에서 확인할 수 있어요.

 Step 1
패턴이 사용된 문장 따라 말해보기

授業が 終わったら 教えてください。
수업이   끝나면   알려 주세요.

準備が できたら 教えてください。
준비가   끝나면   알려 주세요.

日程が 決まったら 教えてください。
일정이   정해지면   알려 주세요.

メールを 送ったら 教えてください。
메일을   보내면   알려 주세요.

韓国に 来たら 教えてください。
한국에   온다면   알려 주세요.

展示会に 行ったら 教えてください。
전시회에   간다면   알려 주세요.

授業 [じゅぎょう] 수업   終わる [おわる] 1 끝나다   準備 [じゅんび] 준비   日程 [にってい] 일정   決まる [きまる] 1 정해지다   送る [おくる] 1 보내다   展示会 [てんじかい] 전시회

Step 2
이번에는 우리말만 보고 패턴 사용해 문장 말해보기

문제가 있으면 알려 주세요.　　問題が あったら 教えてください。

수업이 끝나면 알려 주세요.

준비가 끝나면 알려 주세요.

일정이 정해지면 알려 주세요.

메일을 보내면 알려 주세요.

한국에 온다면 알려 주세요.

전시회에 간다면 알려 주세요.

Step 3
패턴이 들어간 실제 회화 따라 말해보기

오늘 비가 온다는 상대에게
수업이 끝나면 알려달라고 말할 때

타나카　今日 雨だそうです。
　　　　오늘 비가 온대요.

스즈키　迎えに 行きます。授業が 終わったら 教えてください。
　　　　마중 갈게요. 수업이 끝나면 알려 주세요.

타나카　ありがとう。
　　　　고마워요.

迎え [むかえ] 마중

Day 96

어떤 일이 일어났을 때 하고 싶은 일을 말하는 としたら~たいです 패턴

산다면 초코맛을 사고 싶어요.

MP3바로 듣기

| 買う | + | としたら | + | チョコ味が | + | 買い | + | たいです |
| 산 | | 다면 | | 초코맛을 | | 사 | | 고 싶어요 |

チョコ味 [チョコあじ] 초코맛

어떤 일이 일어났다고 가정하고 자신의 의향을 표현할 때 사용하는 패턴이에요. ~としたら(~한다면) 앞에는 해외에 간다면, 이직한다면처럼 가정 상황을, ~たいです(~하고 싶어요) 앞에는 초코맛을 사고 싶다, 다른 업계로 가고 싶다처럼 하고 싶은 일을 넣어 말해 보세요. 이때, たいです 앞의 동사는 동사 뒤에 ます를 붙일 때와 똑같은 방식으로 바꿔서 사용해요!
*ます 붙이는 방법은 p.13~15에서 확인할 수 있어요!

 Step 1
패턴이 사용된 문장 따라 말해보기

てんしょく　　　　　ほか　ぎょうかい　い
転職するとしたら 他の 業界に 行きたいです。
　이직한다면　　　　　다른　업계로　　가고 싶어요.

　　　　　　　　　　　　　　　　　と けい
プレゼントを もらうとしたら 時計を もらいたいです。
　선물을　　　　받는다면　　　시계를　　받고 싶어요.

うんどう　　　はじ
運動を 始めるとしたら バスケが したいです。
　운동을　　시작한다면　　　농구를　　하고 싶어요.

ひ こ　　　　　　　　　い な か　 い
引っ越すとしたら 田舎に 行きたいです。
　이사한다면　　　　시골에　　가고 싶어요.

かいがい　 い　　　　　　　　　　　　い
海外に 行くとしたら チリに 行きたいです。
　해외에　　간다면　　　　칠레에　　가고 싶어요.

がいこく ご　　　べんきょう　　　　　　ちゅうごく ご　　べんきょう
外国語を 勉強するとしたら 中国語を 勉強したいです。
　외국어를　　　공부한다면　　　　중국어를　　배우고 싶어요.

転職 [てんしょく] 이직　業界 [ぎょうかい] 업계　もらう 1 받다　時計 [とけい] 시계　始める [はじめる] 2 시작하다
バスケ 농구　田舎 [いなか] 시골　海外 [かいがい] 해외　外国語 [がいこくご] 외국어　中国語 [ちゅうごくご] 중국어

Step 2
이번에는 우리말만 보고 패턴 사용해 문장 말해보기

산다면 초코맛을 사고 싶어요. 買うとしたら チョコ味が 買いたいです。

이직한다면 다른 업계로 가고 싶어요.

선물을 받는다면 시계를 받고 싶어요.

운동을 시작한다면 농구를 하고 싶어요.

이사한다면 시골에 가고 싶어요.

해외에 간다면 칠레에 가고 싶어요.

외국어를 공부한다면 중국어를 배우고 싶어요.

Step 3
패턴이 들어간 실제 회화 따라 말해보기

어디에 가고 싶은지 묻는 상대에게
해외로 간다면 어디에 가고 싶은지 의향을 말할 때

타나카　最近 旅行に 行く 人が 多いですね。
요새 여행을 가는 사람이 많네요.

스즈키　田中さんは どこに 行きたいですか。
타나카 씨는 어디로 가고 싶어요?

타나카　もし 海外に 行くとしたら チリに 行きたいです。
만약 해외에 간다면 칠레에 가고 싶어요.

Day 97

하지 않은 행동의 이유를 묻는 どうして~ましたか 패턴

왜 모임에 안 왔어요?

どうして + 集まりに + くる→き + ませんでしたか
왜   모임에   안 왔   어요?

集まり [あつまり] 모임

어떤 행동을 하지 않은 이유를 물어볼 때 사용하는 패턴이에요. ~ませんでしたか? (왜 안 ~했어요?) 앞에 왜 모임에 안 왔는지, 왜 전화를 안 받았는지처럼 이유가 궁금한 행동을 넣어 말해 보세요. 이때, ませんでしたか 앞의 동사는 동사 뒤에 ます를 붙일 때와 똑같은 방식으로 바꿔서 사용해요!

*ます 붙이는 방법은 p.13~15에서 확인할 수 있어요!

🔊 Step 1
패턴이 사용된 문장 따라 말해보기

どうして 確認を しませんでしたか。
왜   확인을   안 했어요?

どうして 電話に 出ませんでしたか。
왜   전화를   안 받았어요?

どうして 早く 教えませんでしたか。
왜   일찍   안 알려줬어요?

どうして ゴミを 捨てませんでしたか。
왜   쓰레기를   안 버렸어요?

どうして ひきつぎを しませんでしたか。
왜   인수인계를   안 했어요?

どうして 電気を 消しませんでしたか。
왜   전등을   안 껐어요?

確認 [かくにん] 확인 早く [はやく] 일찍 教える [おしえる] 2 알려주다 ゴミ 쓰레기 捨てる [すてる] 2 버리다
ひきつぎ 인수인계 電気を消す [でんきをけす] 전등을 끄다

Step 2
이번에는 우리말만 보고 패턴 사용해 문장 말해보기

왜 모임에 안 왔어요? 　　　どうして 集まりに きませんでしたか。

왜 확인을 안 했어요?

왜 전화를 안 받았어요?

왜 일찍 안 알려줬어요?

왜 쓰레기를 안 버렸어요?

왜 인수인계를 안 했어요?

왜 전등을 안 껐어요?

Step 3
패턴이 들어간 실제 회화 따라 말해보기

💬 전화를 안 받은 상대에게
왜 전화를 받지 않았는지 이유를 물을 때

타나카　　**どうして 電話に 出ませんでしたか。**
　　　　　왜 전화를 안 받았어요?

스즈키　　**ごめん、けいたいを 忘れて きました。**
　　　　　미안, 휴대폰을 까먹고 왔어요.

타나카　　**あ、そうだったんですか。**
　　　　　아, 그랬군요?

忘れる [わすれる] 2 까먹다, 잊다

Day 98 왜 낭비라고 생각해요?

의견의 근거를 묻는 どうして~と思いますか 패턴

どうして + むだづかいだ + と 思いますか
왜   낭비   라고 생각해요?

むだづかい 낭비

상대방의 의견이나 생각의 근거를 물어볼 때 사용하는 패턴이에요. ~と思いますか(왜 ~라고 생각해요?) 앞에 낭비, 불가능처럼 상대방이 주장하는 의견을 넣어 말해 보세요. と思います 앞에는 명사, 형용사, 동사가 모두 올 수 있어요. 단, 명사는 명사 뒤에 だ를 붙이고 패턴을 사용해요!

 Step 1
패턴이 사용된 문장 따라 말해보기

どうして できないと 思いますか。
왜   할 수 없을거라고 생각해요?

どうして 間違えたと 思いますか。
왜   틀렸다고   생각해요?

どうして ブルベだと 思いますか。
왜   쿨톤이라고 생각해요?

どうして ブロックされたと 思いますか。
왜   차단당했다고   생각해요?

どうして 遅延していると 思いますか。
왜   지연되고 있다고 생각해요?

どうして 一人だと 思いますか。
왜   혼자라고 생각해요?

間違える [まちがえる] 2 틀리다   ブルベ 쿨톤   ブロックされる 2 차단당하다   遅延 [ちえん] 지연

Step 2
이번에는 우리말만 보고 패턴 사용해 문장 말해보기

왜 낭비라고 생각해요? → どうして むだづかいだと 思いますか。

왜 할 수 없을 거라고 생각해요?

왜 틀렸다고 생각해요?

왜 쿨톤이라고 생각해요?

왜 차단당했다고 생각해요?

왜 지연되고 있다고 생각해요?

왜 혼자라고 생각해요?

Step 3
패턴이 들어간 실제 회화 따라 말해보기

💬 누군가가 계정을 차단한 것 같다는 상대에게
왜 그렇게 생각하는지 의견의 근거를 물을 때

타나카　原さんが 私を ブロックした みたいです。
　　　　하라 씨가 저를 차단한 것 같아요.

스즈키　どうして ブロックされたと 思いますか。
　　　　왜 차단당했다고 생각해요?

타나카　アカウントが 検索できないんです。
　　　　계정이 검색이 안 되거든요.

アカウント 계정　検索 [けんさく] 검색

Day 99

이유를 말하는 からです 패턴

비가 오기 때문이에요.

降る [ふる] (비가) 오다

어떤 일에 대한 이유나 원인을 설명할 때 사용하는 패턴이에요. ~からです(~하기 때문이에요) 앞에 궂은 날씨, 컨디션 불량처럼 어떤 일의 이유나 원인을 넣어 말해 보세요.

 Step 1
패턴이 사용된 문장 따라 말해보기

きょう み
興味が ないからです。
관심이   없기 때문이에요.

たいちょう   わる
体調が 悪かったからです。
컨디션이   안 좋았기 때문이에요.

かね
お金が ないからです。
돈이   없기 때문이에요.

                        き
バッテリーが 切れたからです。
배터리가   다 되었기 때문이에요.

きゅう   ようじ
急な 用事が あったからです。
급한   일이   있었기 때문이에요.

に ど ね
二度寝したからです。
다시 잤기 때문이에요.

> 일어났다가 다시 자버리는 것을
> 二度寝라고 해요!

興味 [きょうみ] 관심   体調 [たいちょう] 컨디션   悪い [わるい] 안 좋다, 나쁘다   お金 [おかね] 돈   バッテリー 배터리
切れる [きれる] 다 되다, 떨어지다   急だ [きゅうだ] 급하다   用事 [ようじ] 일, 용무   二度寝 [にどね] (일어났다가) 다시 잠

Step 2
이번에는 우리말만 보고 패턴 사용해 문장 말해보기

비가 오기 때문이에요.　　雨が 降るからです。

관심이 없기 때문이에요.

컨디션이 안 좋았기 때문이에요.

돈이 없기 때문이에요.

배터리가 다 되었기 때문이에요.

급한 일이 있었기 때문이에요.

다시 잤기 때문이에요.

Step 3
패턴이 들어간 실제 회화 따라 말해보기

왜 지각했는지 묻는 상대에게
지각한 이유를 말할 때

타나카　どうして 今日 遅刻したんですか。
　　　　왜 오늘 지각한 거예요?

스즈키　それは 二度寝したからです。
　　　　그건 다시 잤기 때문이에요.

타나카　そうですか。次回は 注意してくださいね。
　　　　그래요? 다음에는 주의해 주세요.

遅刻 [ちこく] 지각　次回 [じかい] 다음　注意 [ちゅうい] 주의

Day 100

이유를 모르겠다고 말하는 どうして〜かわかりません 패턴

왜 바쁜 건지 모르겠어요.

MP3바로 듣기

どうして + 忙しい[いそがしい] + のか わかりません
왜   바쁜   건지 모르겠어요

忙しい [いそがしい] 바쁘다

어떤 일이나 상황의 이유를 알 수 없을 때 사용하는 패턴이에요. どうして〜のかわかりません(왜 ~한지 모르겠어요) 앞에 왜 바쁜 건지, 왜 고장 난 건지처럼 이유를 이해할 수 없는 상황이나 일을 넣어 말해 보세요.

 Step 1
패턴이 사용된 문장 따라 말해보기

どうして パソコンが 壊れた[こわれた]のか わかりません。
왜   컴퓨터가   고장 난 건지   모르겠어요.

どうして こんなに 高い[たかい]のか わかりません。
왜   이렇게   비싼 건지   모르겠어요.

どうして こんなに かわいいのか わかりません。
왜   이렇게   귀여운 건지   모르겠어요.

どうして アプリが 動かない[うごかない]のか わかりません。
왜   앱이   안 되는 건지   모르겠어요.

どうして そう するのか わかりません。
왜   그렇게 하는 건지 모르겠어요.

どうして リバウンドするのか わかりません。
왜   요요 현상이 온 건지 모르겠어요.

パソコン 컴퓨터　壊れる [こわれる] 2 고장 나다　かわいい 귀엽다　アプリ 앱　動く [うごく] 1 되다, 작동하다
リバウンド 요요 현상

Step 2
이번에는 우리말만 보고 패턴 사용해 문장 말해보기

왜 바쁜 건지 모르겠어요. どうして 忙しいのか わかりません。

왜 컴퓨터가 고장 난 건지 모르겠어요.

왜 이렇게 비싼 건지 모르겠어요.

왜 이렇게 귀여운 건지 모르겠어요.

왜 앱이 안 되는 건지 모르겠어요.

왜 그렇게 하는 건지 모르겠어요.

왜 요요 현상이 온 건지 모르겠어요.

Step 3
패턴이 들어간 실제 회화 따라 말해보기

💬 스마트폰에 대해 잘 아는 상대에게
앱이 작동하지 않는 이유를 모르겠다고 말할 때

타나카　どうして アプリが 動(うご)かないのか わかりません。
　　　　왜 앱이 안 되는 건지 모르겠어요.

스즈키　アップデートは しましたか。
　　　　업데이트는 했어요?

타나카　いいえ、やって みます。
　　　　아뇨, 해 볼게요.

アップデート 업데이트

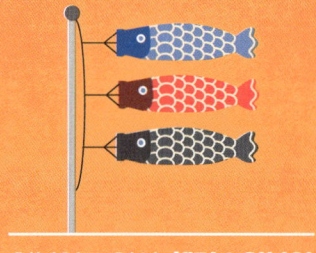

부록

01 | 수량 표현

02 | 단위·위치 표현

03 | 시간·날씨 표현

01 수량 표현

1) 人(명) : 사람을 세는 표현

한 명	두 명	세 명	네 명	다섯 명
ひとり 一人	ふたり 二人	さんにん 三人	よにん 四人	ごにん 五人
여섯 명	일곱 명	여덟 명	아홉 명	열 명
ろくにん 六人	なначлин·しちにん 七人	はちにん 八人	きゅうにん 九人	じゅうにん 十人

2) 個(개) : 물건을 세는 표현

한 개	두 개	세 개	네 개	다섯 개
いっこ 一個	にこ 二個	さんこ 三個	よんこ 四個	ごこ 五個
여섯 개	일곱 개	여덟 개	아홉 개	열 개
ろっこ 六個	ななこ 七個	はちこ 八個	きゅうこ 九個	じゅっこ 十個

3) 本(자루) : 긴 모양의 물건을 세는 표현

한 자루	두 자루	세 자루	네 자루	다섯 자루
いっぽん 一本	にほん 二本	さんぼん 三本	よんほん 四本	ごほん 五本
여섯 자루	일곱 자루	여덟 자루	아홉 자루	열 자루
ろっぽん 六本	ななほん 七本	はっぽん 八本	きゅうほん 九本	じゅっぽん 十本

4) 冊(권) : 책을 세는 표현

한 권	두 권	세 권	네 권	다섯 권
いっさつ 一冊	に さつ 二冊	さんさつ 三冊	よんさつ 四冊	ご さつ 五冊
여섯 권	일곱 권	여덟 권	아홉 권	열 권
ろくさつ 六冊	ななさつ 七冊	はっさつ 八冊	きゅうさつ 九冊	じゅっさつ 十冊

5) 匹(마리) : 동물을 세는 표현

한 마리	두 마리	세 마리	네 마리	다섯 마리
いっぴき 一匹	に ひき 二匹	さんびき 三匹	よんひき 四匹	ご ひき 五匹
여섯 마리	일곱 마리	여덟 마리	아홉 마리	열 마리
ろっぴき 六匹	ななひき 七匹	はっぴき 八匹	きゅうひき 九匹	じゅっぴき 十匹

6) 枚(장) : 얇고 넓적한 물건을 세는 표현

한 장	두 장	세 장	네 장	다섯 장
いちまい 一枚	に まい 二枚	さんまい 三枚	よんまい 四枚	ご まい 五枚
여섯 장	일곱 장	여덟 장	아홉 장	열 장
ろくまい 六枚	ななまい 七枚	はちまい 八枚	きゅうまい 九枚	じゅうまい 十枚

02 단위·위치 표현

☑ 단위 표현

센티미터	미터	킬로미터
センチメートル	メートル	キロメートル
밀리그램	그램	킬로그램
ミリグラム	グラム	キログラム
밀리리터	리터	칼로리
ミリリットル	リットル	カロリー
볼트	도 (온도)	평 (넓이)
ボルト	度(ど)	坪(つぼ)

☑ 위치 표현

동쪽	서쪽	남쪽	북쪽
ひがし **東**	にし **西**	みなみ **南**	きた **北**
앞	뒤	왼쪽	오른쪽
まえ **前**	うし **後ろ**	ひだり **左**	みぎ **右**
위	아래	가운데	옆
うえ **上**	した **下**	なか **中**	**となり**
안	밖	주변	근처
うち **内**	そと **外**	**まわり**	ちか **近く**

03 시간·날씨 표현

☑ 시간 표현

아침	점심	저녁	밤
<ruby>朝<rt>あさ</rt></ruby>	<ruby>昼<rt>ひる</rt></ruby>	<ruby>夕方<rt>ゆうがた</rt></ruby>	<ruby>夜<rt>よる</rt></ruby>
새벽	오전	오후	평일
明け方 (あ が た)	午前 (ご ぜん)	午後 (ご ご)	平日 (へいじつ)
주말	과거	현재	미래
週末 (しゅうまつ)	過去 (か こ)	現在 (げんざい)	未来 (み らい)
봄	여름	가을	겨울
春 (はる)	夏 (なつ)	秋 (あき)	冬 (ふゆ)

☑ 날씨 표현

맑음	흐림	비	눈
<ruby>晴<rt>は</rt></ruby>れ	くもり	<ruby>雨<rt>あめ</rt></ruby>	<ruby>雪<rt>ゆき</rt></ruby>
바람	구름	천둥	번개
<ruby>風<rt>かぜ</rt></ruby>	<ruby>雲<rt>くも</rt></ruby>	かみなり	いなずま
소나기	장마	태풍	따뜻하다
にわか<ruby>雨<rt>あめ</rt></ruby>	<ruby>梅雨<rt>つゆ</rt></ruby>	<ruby>台風<rt>たいふう</rt></ruby>	<ruby>暖<rt>あたた</rt></ruby>かい
덥다	무덥다	시원하다	춥다
<ruby>暑<rt>あつ</rt></ruby>い	<ruby>蒸<rt>む</rt></ruby>し<ruby>暑<rt>あつ</rt></ruby>い	<ruby>涼<rt>すず</rt></ruby>しい	<ruby>寒<rt>さむ</rt></ruby>い

MEMO

MEMO

초판 1쇄 발행 2025년 8월 22일

지은이	해커스 일본어연구소
펴낸곳	㈜해커스 어학연구소
펴낸이	해커스 어학연구소 출판팀
주소	서울특별시 서초구 강남대로61길 23 ㈜해커스 어학연구소
고객센터	02-537-5000
교재 관련 문의	publishing@hackers.com
	해커스일본어 사이트(japan.Hackers.com) 교재 Q&A 게시판
동영상강의	japan.Hackers.com
ISBN	978-89-6542-805-3 (13730)
Serial Number	01-01-01

저작권자 © 2025, 해커스 어학연구소
이 책 및 음성파일의 모든 내용, 이미지, 디자인, 편집 형태에 대한 저작권은 저자에게 있습니다.
서면에 의한 저자와 출판사의 허락 없이 내용의 일부 혹은 전부를 인용, 발췌하거나 복제, 배포할 수 없습니다.

일본어교육 1위,
해커스일본어(japan.Hackers.com)

해커스일본어

- 하루 10분씩 따라 하면 일본어회화가 되는 **본 교재 인강**(교재 내 할인쿠폰 수록)
- 패턴 정리표, 패턴 문장 쓰기노트, 단어 퀴즈 등 다양한 무료 학습 콘텐츠
- 따라만 해도 술~ 술~ 말문이 트이는 교재 MP3

한경비즈니스 선정 2020 한국브랜드선호도 교육(온·오프라인 일본어) 부문 1위

일본어교육 1위 해커스

말문이 트이는
해커스일본어 학습 시스템

한경비즈니스 선정 2020 한국브랜드 선호도 교육(온·오프라인 일본어) 부문 1위 해커스

하루 10분 강의
언제 어디서나
부담없이 짧고 쉽게!

일본어 무료 레벨테스트
내 실력을 진단하고
맞춤형 학습법 제시

1:1 질문 & 답변 시스템
언제 어디서나!
1:1 맞춤 학습 상담

무료 학습자료 무한제공
학습 효율 극대화!
데일리 학습자료 제공

해커스일본어 japan.Hackers.com